노인의 건강복지와 삶의 질을 향상시키는
웰빙 실버 서비스

노인의 건강복지와 삶의 질을 향상시키는
웰빙 실버 서비스

초판발행 2010년 2월 24일

지 은 이 이수정
펴 낸 이 최종숙
편　　집 권분옥 이소희 이태곤 추다영
디 자 인 홍동선 이홍주 안혜진
마 케 팅 문택주 안현진 심용창

펴 낸 곳 글누림출판사
주　　소 서울시 서초구 반포4동 577-25 문창빌딩 2층
전　　화 02-3409-2079(편집), 2055(마케팅)
팩　　스 02-3409-2059
등　　록 2005년 10월 5일 제303-2005-000038호
홈페이지 www.geulnurim.co.kr
전자우편 nurim3888@hanmail.net

값 13,500원
ISBN 978-89-6327-064-7 03330

출력·알래스카 커뮤니케이션 **용지**·화인페이퍼 **인쇄**·한교인쇄 **제책**·동신제책

* 이 책의 판권은 저작권자와 글누림출판사에 있습니다. 서면 동의 없는 무단 전재 및 복제를 금합니다.
* 잘못된 책은 바꿔드립니다.

ⓒ 글누림출판사, 2010, Printed in seoul, Korea

실버세대를 위한 건강한 생활 만들기

노인의 건강복지와 삶의 질을 향상시키는
웰빙 실버 서비스

이 수 정 지음

머리말

　1인당 국민소득 2만 불을 넘고, 베이비붐 세대가 은퇴하는 2011년경 우리나라 실버 서비스산업은 본격적인 성장기에 진입할 전망이다. 비전 및 정책 방향을 설정하는 단계를 지나 2006년부터 실버 서비스산업의 기반을 마련하는 기반 구축기에 진입하였다. 이후 노인요양보험제도가 도입되고, 전 국민 연금급여가 시작되는 2008년에는 실버 서비스산업의 개화기를 맞이하였다. 우리나라가 고령사회에 진입하는 2018년경부터 실버 서비스산업이 성숙기에 접어들 것으로 예상된다.

　유엔(UN) 기준에 의하면 65세 이상의 노인인구가 전체 국민의 7% 이상이 되면 고령화 사회, 14% 이상이면 고령사회, 21% 이상일 때는 초고령사회 또는 후기 고령사회로 구분한다. 고령화 사회에서 고령사회로 이행하는 소요 기간이 프랑스는 115년, 스웨덴은 82년, 미국은 65년, 영국은 46년이 걸렸다. 일본의 경우에는 24년이라는 짧은 기간이 소요되었다. 한국은 2000년도에 이미 고령화 사회로 진입했다. 2019년에는 한국의 노인인구가 14% 이상으로 고령사회, 2026년에는 20% 이상으로 초고령사회에 진입할 것으로 예측되어(통계청, 2005년도 장래인구 특별 추계), 노인복지 정책이 체계적으로 연구되고 시행될 필요성이 제기되고 있다.

　따라서 앞으로 고령화 사회가 도래하면서 산업과 관련된 서비스가 확보되지 못할 경우 사회적으로 큰 문제가 발생될 것으로 예상된다. 그러므로 실버 서비스산업에 대한 이해와 적용이 요구되는 시점이라 여겨진다.

저자 이 수 정

목차

Section 1 실버 서비스의 이해 | 09
1. 실버 서비스의 개념 | 10
2. 실버 서비스산업의 필요성 증대 | 11
3. 실버 서비스의 특성 | 13
4. 실버 서비스의 목적 | 14
5. 실버 서비스의 범위·분야 | 16

Section 2 실버 서비스의 내용 | 23
1. 실버 서비스의 정책 | 24
2. 실버 서비스의 과제 | 25
3. 실버 서비스 활성화 전망 | 26
4. 실버 서비스산업 활성화를 위한 산업체의 역할 및 방안 | 30

Section 3 주택 관련 서비스 | 35
1. 주거 관련 서비스의 필요성 | 36
2. 노인복지법에 의한 노인시설 분류 | 37
3. 실버타운 | 38
4. 주거시설 관련 서비스 정책 | 41
5. 주택 관련 서비스의 과제 | 44

Section 4 의료·보건 관련 서비스 | 47
1. 의료·보호 서비스 종류 | 48
2. 건강 및 의료 서비스산업 | 49
3. 실버 의료·보건 서비스산업 | 50

Section 5 금융 관련 서비스 | 51
1. 금융 관련 서비스의 발전 필요성 | 52
2. 고령자 관련 금융상품 및 서비스 | 54
3. 고령자대상 금융산업의 전망 | 57
4. 일본의 고령자 대상 산업 | 58
5. 노후를 위한 금융부분의 서비스산업 전략 | 60

Section 6 여가 서비스산업 | 61
1. 여가 서비스 산업의 필요성 | 62
2. 노인 여가 서비스산업의 과제 | 64

Section 7 홈 헬프 관련 서비스 | 67
1. 홈 헬프 관련 서비스의 의의 | 68
2. 홈 헬프 관련 서비스의 이념 | 69
3. 홈 헬프 관련 서비스의 특징 | 70

Section 8 복지용구 관련 서비스 | 71
1. 복지용구 관련 서비스의 의의 | 72
2. 복지용구 관련 서비스 시 중요한 개념과 기술 | 77
3. 복지용구 관련 서비스의 과제 | 80

Section 9 베터 에이징(better aging) 관련 서비스 | 85
1. 베터 에이징 관련 서비스의 의의 | 86
2. 베터 에이징 관련 서비스의 과제 | 88

Section 10 실버 서비스산업과 노인복지 | 91
1. 한국의 노인복지 서비스 | 92
2. 외국의 노인복지 서비스 | 100
3. 한·미·일 노인센터의 비교분석 결과 및 시사점 | 114

Section 11 활력 있는 삶을 위한 실버 필라테스 | 119

Section 12 실버 스트레칭 트레이닝 | 149

참고문헌 | 182

실버 서비스의 이해

Section 1

1. 실버 서비스의 개념

'실버 서비스'란 용어는 실버산업, 노인산업, 노인복지산업 등과 유사하게 쓰이고 있는데, 미국에서는 silver market, elderly market, gray market, senior market 등의 용어가 널리 사용되고 있다. 우리나라에서 일반적으로 유사한 의미로 통하는 실버산업이라는 용어와 실버 서비스를 비교해 보자면, 실버산업은 노인을 영리추구 대상의 소비자로서 전개하는 사업이라는 다소 경제학적인 개념이 강한 반면, 실버 서비스는 경제학적인 개념뿐만 아니라 노인들의 복지를 위한 공적·사적 복지서비스 분야까지를 포함한다.

실버(Silver)란 은(銀)을 지칭하는 말로서 노인의 흰머리를 미화시킨 일본식 영어 표현으로 국제적으로는 잘 통용되지 않는다. 그런 까닭에 2004년 대통령자문 '고령화 및 미래사회위원회'에서 '고령친화산업'이라는 용어를 사용하기로 결정했지만 그다지 통용되지 않고 있다. 정부에 의하면 고령친화산업이란 고령자의 생물학적 노화 및 사회적·경제적 능력 저하로 발생한 수요를 충족시키기 위한 산업으로서 노인들의 편리성과 안정성에 입각한 노인의 선호를 우선적으로 고려하는 산업이다. 따라서 '고령친화산업'은 현재의 노인과 미래의 노인들을 포함한 노령층이 사용하게 될 제품과 서비스를 지칭한다. 한편, 일본 후생성은 실버 서비스에 대해, '민간사업자가 대체로 60세 이상인 이른바 고령자를 대상으로 시장 경쟁원리에 입각하여 유료로 재화나 서비스를 제공하는 산업 분야'라고 정의하고 있다.

일반적으로 실버 서비스란, 민간 기업이 주체가 되어 고령자 및 노후대책을 준비하는 중·장년층까지를 대상으로 시장경제의 원리에 따라 노후의 신체적·정신적·경제적·사회적 안정을 위해 그들의 욕구(생활의 안정, 편의, 건강유지 등)에 부응하는 상품 및 서비스를 공급하는 제반 산업이라 정의한다. 이는 비영리 노인복지 서비스와는 달리 영리를 추구하는 산업으로 정부의 복지정책 분야에 시장 원리를 도입한 것으로 국가, 지방자치제, 지역과 연계된 복지 서비스 공급의 일부분이라고 할 수 있다.

2. 실버 서비스산업의 필요성 증대

1 고령화와 관련된 상품과 서비스에 대한 수요 급증
출산율의 감소, 의료기술의 발달, 평균수명의 연장 등으로 인해 빠르게 고령화 사회로 이행되어 가고 있어, 실버 서비스와 관련된 수요는 날로 증가하고 있다.

2 세대 구조의 변화
핵가족화가 두드러지게 나타나고 고령자 가구가 급속하게 늘고 있어 고령자의 부양을 외부에서 해결하려는 수요가 창출되고 있다.

3 고령자층의 경제적 능력 향상
소득의 향상으로 연금보호제도, 연금신탁제도, 국민연금제도 등이 확대되면서 정년퇴직한 후에도 고정수입원을 갖는 고령자가 점차 증가하고 있다. 경제력이 있는 고령자의 특성과 취향이 반영된 노인의 욕구를 충족시킬 새로운 시장이 형성되고 있다.

Section 1

　이러한 변화 속에서 노인과 관련된 대부분의 서비스는 과거 개발도상국시대에 이뤄졌던 온정주의적인 기초생활 보장에서 한 걸음 더 나아가 고도로 향상된 삶의 질을 기대하는 대중적 욕구와 마주하게 된다. 과거 1990년대까지는 노인복지의 최대 과제가 빈곤층에 있는 노인들에게 의료 서비스를 제공하고 무료급식소에 초대하여 점심을 제공하는 정도로 최저 생활을 유지시키는 정도였다. 그러나 이제는 노인복지 센터의 활성화 및 전산화 프로젝트를 통해 70대 노인들에게도 인터넷과 블로그 교육 프로그램을 제공하고 원예치료나 음악치료 및 치매나 중풍 노인의 정서 함양 프로그램을 개발하는 등 높은 수준의 전문적 서비스가 요구되고 있는 실정이다.

　그러므로 전문화된 서비스 제공은 고학력전문가의 프로그램 개발과 연구를 필요로 하고 막연한 도움만으로는 유지되기 어려운 실정이다. 그러기에 미국이나 일본의 선진 복지 국가의 정책을 참고하여 국가와 지방정부는 복지정책의 기본적인 방향을 수립하고 이에 대한 예산을 편성·관리하여 복지법인이나 민간 사업자들의 전문적인 서비스 프로그램을 개발함으로써 정부와 연계되는 서비스산업형으로 추진될 것으로 전망된다(이인수, 2006).

3. 실버 서비스의 특성

실버 서비스산업은 주로 고령자를 대상으로 한다는 측면에서 지역사회와의 관계나 제공 서비스의 성격이 크게 다르다. 지금까지는 실버 서비스가 공적 기관이나 가정에서 주로 제공되어 왔다는 점 등에서 향후 실버 서비스산업은 타 산업과 다른 공익적 특성을 보일 것이다. 실버 서비스산업은 복지적 측면과 영리적 측면의 양면성을 이해하고, 서로 조화와 균형을 이루며 운영될 필요가 있다.

[표 1] 실버 서비스산업의 특성

구 분	내 용
영리산업	실버 서비스산업의 공급 주체는 민간부문이고, 상품과 서비스는 시장경제원리에 의해 공급되기에 본질적으로 수익자부담의 원칙을 추구하는 영리산업
수익성과 공익성의 결부	산업적인 측면에서 수익성이 중시되지만, 신체적·사회적·경제적으로 취약한 노년층을 대상으로 한다는 측면에서 국가가 실버사업 체제를 인정하고 지원하며, 권역보호와 안전보장을 위해 관여하므로 공익적·복리적 성격을 지닌 서비스산업
질적 욕구 충족	노후생활에 대한 질적 욕구와 관련된 노인의 건강한 삶을 중시하여 안정된 주거 서비스, 건강보호 서비스, 여가활용 서비스 등이 많은 부분을 차지
재화, 서비스 개발	고령자의 욕구에 맞는 안전성, 편리성, 신뢰성이 고려된 재화 및 서비스 개발이 중요
one-stop 서비스	서비스 지향형 산업으로 건강 특성상 주거를 기초로 보건, 의료, 복지, 금융, 생활, 교육 등의 관련 서비스를 한꺼번에 제공하는 one-stop 서비스 선호
중소기업 적합	고령자의 소득, 재산, 연령, 건강 상태, 기호 등이 다양하고 특정한 욕구에 부응하는 세분화된 소형 시장의 집합적인 성격이 강해 다품종 소량생산의 중소기업이 적합
노동 집약적	획일적 대응이 어려워 세분화된 대응 필요, 특정 자격을 갖춘 전문노동력을 다수 필요
도시형 산업	고령자가 산재되어 있기 때문에 교통이 편리한, 일정 규모 이상의 도시에서 사업 성립 가능

4. 실버 서비스의 목적

　실버 서비스의 목적은 공급주체가 기업이나 재단법인, 사회복지법인, 조합, 종교법인, 개인이기 때문에 이윤추구에 있지만, 수요대상자는 고령자이기 때문에 노인복지의 공익적 측면을 가지고 있다.

　현대사회에서는 노인의 부양이 경제적·신체적·정보적 측면에서 부양이 더 이상 가족만이 그 문제를 해결하기는 어렵고 사회적 지원이 절실히 필요하게 된 시기에 이르렀다. 이에 따라 정부는 사회변화에 따른 노인문제를 사회문제의 한 측면으로 보고 사회복지적 차원에서 1981년 6월 5일에 법률 제3453호로 노인복지법을 제정하였고 이후 노인복지법은 1989년 12월, 1997년 2월에 개정되었다. 노인복지법의 주된 목적은 노인의 심신의 건강유지와 노후의 생활 안정을 위하여 필요한 조치를 강구함으로써 노인의 보건복지증진에 기여하는 것에 있다.

　노인복지법에 나타난 실버 서비스의 목적과 방향을 다음과 같이 설명할 수 있다.

　첫째, 노인복지 대상 및 사업내용의 확대를 위하여 생활보호노인 위주의 사업에서 탈피하여 전체 노인을 대상으로 하는 노인복지정책을 개발하고, 시설수용보호 위주의 사업에서 지역·가정 중심의 복지체제로 발전을 도모하며, 노인들이 자원봉사활동 등을 포함하여 사회활동에 적극적으로 참여할 수 있는 여건을 조성한다는 것이다.

　둘째, 정부와 민간의 역할 분담과 상호협조를 위해서는 생활능력이 없는 저소득 노인에 대한 국가 지원의 내실화가 절실하다. 국가의 지원을 통하여 소득·의료·주거 등 기초 생활을 보장하고, 경제력 있는 노인을 위해서는 민간시장기능을 통한 유료 서비스의 확충을 유도하며, 가정·지역사회 중심의 노인복지체제 발전을 위한 국가지원 및 민간참여를 유도한다는 것이다.

셋째, 실버 서비스는 보건·의료 및 복지 서비스를 종합적으로 접근하는 것이다. 노인의 보건, 의료, 주거 등 다양한 욕구를 효과적으로 충족시키려면 보건·의료 서비스와 사회복지 서비스를 종합·관리함으로써 종합적이고 효과적인 서비스를 제공할 수 있는 것이다.

넷째, 사전예방 및 사후관리체계 공동 구축을 위해 보건 교육·건강검진사업 내실화를 통한 노인성 질환의 예방, 질환 노인의 치료·요양을 위한 시설확충 등 사후관리체계를 구축한다는 것이다.

다섯째, 경로사상 앙양 및 가정의 노인부양 유지·강화를 위해서는 경로우대제도의 확대를 통한 문화계승자 및 사회의 어른으로서 노인우대 분위기를 조성하고, 서구 선진국이 가지지 못하는 우리 고유의 전통적인 가족제도의 장점을 최대한 살려 산업화 사회에 약화되는 노인부양 기능을 보완한다는 것이다.

이상의 정책방향을 분석해 보면, '선 가정보호, 후 사회보장'이라는 틀은 변함없이 고수되고 있으나, 유료노인복지사업 분야에 대한 사회복지의 보편화·유료화의 당위성이 점차 폭넓게 공감을 얻어가고 있음을 알 수 있다. 일본의 노인복지법 제1조에서는 "노인의 복지에 관한 원리를 밝히고 이와 동시에 노인에 대하여 그 심신의 건강유지 및 생활의 안정을 위하여 필요한 조치를 강구하고, 아울러 노인의 복지를 도모함을 목적으로 한다."라고 정의 내리고 있다. 또한, 제4조 3항에서는 "노인의 생활에 직접 영향을 미치는 사업을 경영하는 자는 그 사업운영에 있어서 노인의 복지가 증진되도록 노력하지 않으면 안 된다."라고 정하고 있다.

결론적으로, 실버 서비스의 목적은 노후의 불안해소나 생활의 질적 향상에 기여하기 위한 것이며 민간 기업이 시장 경쟁원리에 입각하여 고령자 및 노후대책을 준비하는 사람들을 대상으로 생활의 안정과 편의 및 건강 등에 서비스를 제공하는 것이라고 정리할 수 있다.

5. 실버 서비스의 범위·분야

광의적 의미	협의적 의미
• 노인 생활의 안정, 의료, 교육, 취업 등 사회적 서비스의 제공을 포함한 광범위한 사회적 정책을 의미함. • 고령자뿐만 아니라 노후생활을 준비하는 중·장년을 대상으로 함. • 산업 분야도 신체적 퇴화를 따르는 기능 서비스뿐만 아니라 노후의 일상생활에 필요한 모든 상품과 서비스를 포함함.	• 퇴직, 빈곤, 질병 등 제 원인으로부터 발생되는 생활 곤궁·고독·욕구 불만, 삶의 보람을 상실한 노인에 대한 개별적 공적 부조, 생활지도, 자립조장 등과 같은 구체적인 보호나 육성·갱생을 위한 일련의 사업 • 노인 개개인의 일상적 기쁨과 장수할 수 있도록 지원하는 사회적 서비스를 의미함. • 고령자를 위한 주택 등 주거 서비스, 입욕 서비스, 가사봉사원 서비스, 가정 간호 서비스 등 신체적 퇴화에 따른 기능 서비스를 제공하는 산업

실버 서비스는 노인들이 인간답게 살도록 체계적으로 돕는 사회적 협력이 마련되는 일련의 산업 분야를 통칭한다. 실버 서비스는 노인들의 기본욕구를 충족시키며, 문화생활을 통해 삶의 의미를 찾게 해주는 기반이 된다. 실버 서비스는 이 같은 노인의 풍요로운 삶을 준비하는 예방적·개발적 의미를 부여하는 범위를 다음과 같이 나누어 살펴볼 수 있다.

[표 2] 실버 서비스산업의 범주(2004)

실버 서비스산업 분야	내 용
주거·시설	요양시설, 실버타운, 노인전용주택 및 아파트, 3세대 동거주택 등
의료·요양	노인요양병원, 노인질병 센터, 노인건강진료센터, 가정간호사업 등
용구·용품·기기	일상용품, 가전제품, 건강기기 등
보험·금융	연금, 보험, 저축, 노후재산관리 등
재가복지 서비스	주간보호, 단기보호, 인력파견 등
여가·정보·학습	취미, 오락, 관광, 스포츠, 교육, 문화, 정보 등

— 보건복지부, 내부자료(2004)

실버 서비스산업은 노인의 특성과 욕구 및 접근 방법에 따라 다양하게 분류될 수 있다. 현재 정부나 민간업체에서 구분하는 실버 서비스산업의 분야와 내용을 선진국에서는 어떻게 분류하고 있는지 다음 표를 통해서 살펴보기로 한다.

[표 3] 선진국의 실버 서비스산업 기본 유형

분야	부문	내용
주거	주거시설	유료양로원, 3세대주택, 주택개량, 실버타운
	재택 서비스	간호 서비스, 급식 서비스, 간호용품 렌탈 서비스, 청소, 세탁대행
금융	상품	공적연금, 사적연금(기업연금, 개인연금), 부양보험, 노후대비 연금형 보험
	서비스	신탁, 부동산 관리
여가	여가활동	회고록출판, 논문 발표회, 출판기념회기획, 우편물발송대행, 집필대행, 잡지출판, 스포츠, 취미생활, 오락, 관광
	사회활동	취업, 교육, 직업알선
의료, 보건	병원	노인전문병원, 노인전문 치료병원
	제약	노인성 질환약품, 의료전문기기, 간호용품
	의료정보	병원관리, 의학정보, 건강체크 프로그램
	인력파견	의료요원의 알선, 파견
주거	주거시설	유료양로원, 3세대주택, 주택개량, 실버타운
	재택 서비스	간호 서비스, 급식 서비스, 간호용품 렌탈 서비스, 청소, 세탁대행
노인 용품	의류	일상복, 정장복, 환자복, 스포츠의류, 기타
	식품	건강식품, 기호식품, 치료식, 예방식
	생활용품	가정제품, 일상용품, 가정의료용품, 의료보조용품
	서비스	실버 시터, 노인전문 음식점, 노인카페, 실버전용사이트 등

— 삼성경제연구소

Section 1

[표 4] 일본 후생성의 실버 서비스산업 분류

구분	내용
유료노인주택 등 주거 관련 산업	유료노인주택, 치매성노인 전용유료노인주택, 단기체재형유료노인주택, 분양형 노인용 케어 맨션, 노인아파트, 케어포텔, 실버타운(리타이어먼트 커뮤니티), 주택안전시스템, 고령자배려주택 등의 개발 및 사업 경영
수발 서비스 관련업	노인용 침대, 미끄럼방지 매트, 입욕장치, 채뇨기, 종이기저귀, 의료, 실버폰, 수발용품, 이동의자, 수평이동장치, Pendant식 독신노인긴급통보시스템 등의 복지기기의 개발 및 보급(판매, 대여, 리스 등)
금융 관련업	노후자금(토지 담보부연금융자, 토지신탁, 종합자산관리 등) 보험(노후보험, 치매성노인수발보험, 수동부자유노인수발보험 등), 개인연금, 유언신탁, 유료노인홈 입주금보증제도 등 금융상품의 판매 및 보험에 있어서 현물급부로서의 수발 서비스 제공 등
레저 관련업	게이트볼, 트레이닝 기기, 고령자 대상 관광, 고령자 대상 교양강좌, 고령자 대상 결혼상담소, 고령자대상 정보지 등
기타 일상 생활 관련업	고령자 대상 생활기기(노안경, 의치 등), 건강식품, 건강기기 등

[표 5] 실버 서비스산업 부문별 전략 품목

산업부문	전략 품목
요양	재가 요양 서비스
기기	재택, 원격진단, 진료 및 휴대형 다기능 건강정보시스템, 한방의료기기, 간호지원 및 실내외 이동지원 시스템
정보	홈케어, 정보통신 보조기기, 노인용 콘텐츠 개발
여가	고령 친화휴양단지
금융	역모기지 제도, 자산관리 서비스
주택	고령자용 주택개조, 실비고령자용 임대주택
한방	한방보건관광, 항 노화 한방기능성 식품, 노인용 한방화장품, 노인성 질환 한약제제 개발
농업	고령친화귀농교육, 전원형 고령친화농업 테마타운, 은퇴 농장

— 보건복지부, 「고령화친화사업 활성화 전략」(2005)

실버 서비스산업은 1차 산업, 2차 산업, 3차 산업이 모두 포함된 폭넓은 분야라는 특징을 가지고 있다. 또한 실버 서비스산업은 수익성과 공익성이 함께 고려되고, 고령자의 소득과 재산, 연령과 건강 등에 따라 다양한 욕구에 부응하는 세분화된 소형시장의 집합적인 성격이 강하다는 특징이 있다.

실버 서비스산업에서는 제품의 기능을 단순화하여 노인 및 중·장년층이 손쉽게 사용할 수 있는 제품 개발이 요구된다. 오늘날에는 여성의 사회 활동이 증가하고 환경오염과 스트레스가 상승하여 여성과 남성의 수명 차이가 줄어들고 있다는 보고도 있지만, 아직까지는 평균수명이 긴 여성 노인 중심의 소비패턴에 초점을 맞춘 재화 및 서비스 개발이 중시되고 있다. 현재 우리나라 공공부문의 노인복지는 한계를 드러내고 있으나, 민간 중심의 실버 서비스산업은 빠른 속도로 성장하고 있다. 지금까지 국내 실버산업은 단순히 실버타운이나 핸디캡 있는 노년층을 대상으로 한 실버용품을 취급하는 수준이었으나 최근에는 주거와 건강뿐만 아니라 레저·교육·안전·금융 등 각종 재화 및 서비스 분야에 건강한 노년층을 대상으로 한 다양한 실버 관련 상품이 개발되고 있다.

실버 서비스산업은 공급주체가 민간부분이고, 상품과 서비스가 시장경제 원리에 의해 공급된다는 점에서 사회적 약자에 대한 재정적 원조나 서비스를 제공하는 좁은 의미의 사회복지와 구별된다. 실버 서비스산업은 '경제력 있는 노인을 대상으로 수익자 부담에 의하여 노인복지의 상품과 서비스를 공급하는 산업'을 지칭한다. 요컨대 이 산업은 순수자유시장 원리가 적용되는 분야일 뿐만 아니라 자유시장기능과 정부의 개입이 혼합되어 운영되는 분야도 포함시킬 수 있다. 즉 정부가 직접 혹은 간접적으로 재정을 지원하여 운영되는 노인복지시설이라 하더라도 이를 유료화시켜 운영할 때는 실버 서비스산업의 범위에 포함될 수 있다. 넓은 의미에서 볼 때 실버 서비스산업과 사회복지는 노인의 욕구를 충족시키는 분야로서 상호보완적인 관계에 있다.

Section 1

[표 6] 실버산업의 시장 규모

분 야	2000년	2005년	2010년
주거	6조 4,920억 원	9조 8,980억 원	14조 1,180억 원
보건·의료	5조 4,760억 원	8조 3,490억 원	11조 9,090억 원
여가	6조 8,140억 원	10조 3,890억 원	14조 8,190억 원
생활	5조 9,960억 원	9조 1,420억 원	13조 9,030억 원
합계	24조 7,800억 원	37조 7,800억 원	53조 8,880억 원
일본과 비교	105조 9,840억 엔	155조 7,253억 엔	228조 8,115억 엔

― 한국과학기술 평가원 내부자료

　우리나라 실버 서비스산업의 시장 규모는 날로 증가하고 있다. 일본에 비하면 아직도 낮은 수준이지만 향후 공적·사적인 투자의 비율은 크게 증가할 것으로 보인다.

　일본은 65세 이상 노인 인구가 전체 인구의 17%인 약 2,200만 명을 넘어선 '고령사회'다. 일본의 국내총생산(GDP)은 2003년 기준으로 4조 3,264억 달러로서 우리나라(6,053억 달러)의 일곱 배가 넘는다. 노인의 인구수와 경제력만을 비교해 보아도 일본은 우리나라의 일곱 배를 넘는 대국이다. 일본에서는 70세가 넘어 보이는 할아버지, 할머니가가 제복을 입은 채 화장실 청소용구를 실은 카트를 밀면서 일을 하고, 하우스 키핑(방 청소 및 정리 업무)을 하는 모습을 쉽게 볼 수 있다. 일본이 노인 천국인 이유는 고령화 사회에 대한 준비가 일찍 이뤄졌고 그러한 배경에서 복지 정책이 잘 실행되면서 노인들의 경제활동이 왕성하기 때문이다.

　실버산업이 걸음마 단계인 우리나라에 비해 일본의 실버산업은 매우 활성화되어 있다. 이는 일본의 경제력과 민간 자본의 힘을 보여주며 미래사회에 대한 철저한 준비를 해왔음을 말해준다.

article, 일본 실버 서비스산업 박람회를 가보니…

차부터 보조용구까지 '실버상품 백화점'……

일본 도쿄 이케부쿠로의 선샤인 컨벤션센터에서 2005년 3월 10일부터 12일까지 '제15회 실버 서비스 박람회'가 열렸다.

사단법인 실버 서비스진흥회가 주최하고, 후생노동성·경제통산성·도쿄도 등 14개 기관 및 단체가 후원한 이 박람회는 일본 실버산업의 현주소를 보여주고 있었다. 일본 실버박람회는 우리나라와 비교해볼 때 규모에서 차이가 날 뿐 아니라, 고령자들에게 필요한 각종 생활용품과 보조용구, 고령자를 위한 주택 개조, 고령자용 자동차 등 질 좋은 상품이 다양하게 전시돼 있었다.

박람회 기간에 방문한 오사카 지역의 고령자 용품점은 전국적인 매장을 갖추고 있었고, 용품 판매와 대여뿐만 아니라 배식·재가 서비스도 함께 하고 있었다. 이 같은 사업은 개호보험 도입과 함께 빠르게 성장했다고 한다. 특히 용품 대여사업은 10여 년에 걸친 고령자들의 의식 변화로 인해 현재는 어느 정도 자리를 잡았고, 개호보험이 적용되는 용품에 한해서는 소비자들이 10%만 부담하면 돼 많은 고령자들이 다양하고 질 좋은 용품의 혜택을 누리고 있었다.

또 도쿄의 수도권 실버타운(Sun City Knagawa), 도심형 실버맨션(Royal Life Okusawa), 오사카의 지방형 실버타운(다카라쓰카 에덴의 동산)은 고령자들이 소득 수준과 입지 선호도 등에 따라 자신에게 맞는 선택이 가능함을 보여줬다.

일본에서는 정부, 복지재단, 종교단체뿐만 아니라 민간 기업까지 다양하게 참여하여 비용별, 규모별, 그리고 의료, 개호, 재활, 생활 등의 이용 서비스와 각종 여가 프로그램 등을 갖춘 주거시설을 도심형에서부터 전원형까지 고령자의 취향에 맞게 공급하고 있었다. 특히 일본 정부는 고령자 주거시설을 질병 예방·개호·복지·주거를 갖춘 종합적인 특정 민간시설로 정하고, 이 시설에 대한 제도적 지원을 통해 민간사업 주체에 의한 고령자 주거시설의 활성화를 꾀하고 있었다.

반면 우리나라는 전 세계적으로 유례없이 빠른 속도로 고령화가 진행되고 있지만, 실버산업은 아직까지도 걸음마 수준이어서 걱정이 앞선다.

— 주간동아, 2005. 3. 29, 김한옥(대한실버산업협회 회장)

실버 서비스의 내용

Section 2

1. 실버 서비스의 정책

　2005년 간행된 일본 노령화 사회백서에 나오는 고령화 사회대책 대강령 기본자세 제 1항에는 다음과 같이 쓰여 있다. "고령자는 병들고 가난하다는 고정관념에 얽매이지 마라. 고령자는 건강하고 활동적이며 경제적으로 풍족해졌고 다양한 실태가 있다는 것에 입각해 정책을 전개하라."

　한국 역시 고령화 사회가 빠르게 진행되면서 실버 서비스산업에 대한 관심이 날로 높아지고 있다. 대한상공회의소는 2008년을 전후해 정년퇴직자들(6·25 전쟁 후 태어난 베이비붐 세대)이 늘어나면서 국내 실버 서비스산업이 2010년부터 10년 동안 연평균 12.9% 성장하고, 주택, 요양, 금융 등 2010년 시장규모는 약 116조 원에 달할 것으로 예상할 것으로 전망했다.

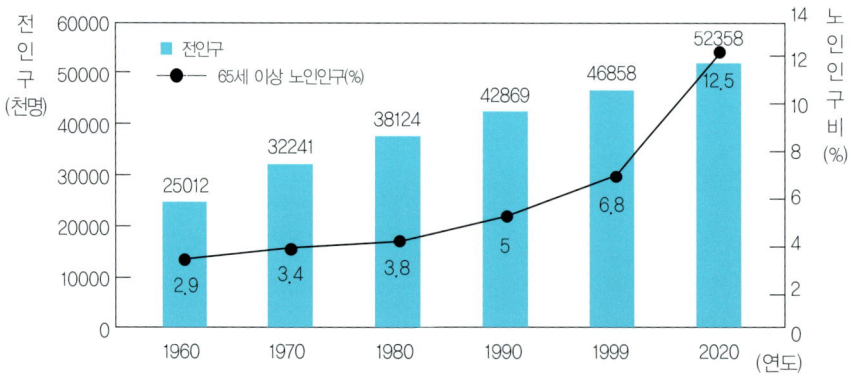

[그림 1] 우리나라 인구 추이 변화(통계청, 한국통계연감, 2000)

2. 실버 서비스의 과제

1 소비자 교육의 추진

실버 서비스의 첫 번째 대상은 대체로 60세 이상의 실버층 고령자이다. 때문에 행정은 소비자보호기본법 및 소비자계약법 등에 근거하여 고령자가 조악한 재화나 서비스를 받지 않도록 고령자의 인권을 배려하여 공명정대한 소비자 정보를 제공해야 하며, 상담·확보체제를 정비하거나 소비자교육을 추진해야 할 것이다. 또한 실버 서비스산업을 건전하게 육성하기 위해서는 우량한 민간 사업자에 대해 법인세 등 세금 제도 및 법적규제 완화를 강구하는 등 구체적인 정책적 지원이 필요하다.

2 지역사회에 대한 공헌

두 번째는 실버 서비스 업계도 단순히 이윤을 추구하는 것이 아니라 기업시민 의식에 근거해야 한다. 즉 기업에 의한 자주적, 자발적인 사회공헌활동(philanthropy)에 따라 실버 서비스에 대한 사회적 사명과 자각을 가지고 양질의 재화나 서비스 공급을 통하여 지역사회에 공헌하는 의식이 필요하다. 그래야만 국민의 다양한 복지니즈에 대응할 수 있는 복지 커뮤니티가 실현될 수 있기 때문이다.

3 개인정보의 보호

세 번째는 업계가 실버 서비스에 따른 재화나 서비스를 공급하는 과정에서 사회복지사 및 보호복지사 등의 유자격자를 배치하여 서비스 품질관리와 만일 시 위험관리, 이른바 리스크 매니지먼트에 대비함과 동시에 개인정보보호법에 근거하여 계약을 통해 입수한 소비자의 개인정보 보호에 힘쓸 필요가 있다.

Section 2

3. 실버 서비스 활성화 전망

우리나라의 실버 서비스산업은 고령인구의 증가, 소득수준의 향상, 웰빙에 대한 관심의 증대, 고령친화적인 관련 용품의 증가 기대, 노인의 독립생활 욕구 증대, 정보의 지원정책 등으로 인해 매우 긍정적으로 전망된다.

1 실버 제품 및 서비스

실버 관련 제품과 실버 서비스는 일상생활에 필수적인 것들이 많기 때문에 노년층들의 수요가 많으며 이들을 대상으로 한 차별화의 필요성이 큰 분야이다.

하지만 우리나라는 실버 제품 및 서비스에 대한 명확한 정의조차 확립되지 못하고 있으며 법적인 개념이 미흡하기 때문에 통일된 관리 체계가 세워져 있지 않다.

시판되고 있는 실버용품들 중 건강기기들은 의료기기나 일반 전기용품으로 분류되고 있다. 의료기기는 약사법에 의해, 일반전기용품에 속하는 기기들은 전기용품 안전관리법에 의해 관리되고 있으며, 그 외 대부분의 일상생활 용구는 공산품으로 분류되어 품질경영촉진법에 의해 관리되고 있어서 통합적인 관리체계를 수립하는 것이 시급하다. 실버용품에 대한 관리기준이 없기 때문에 노년층에 적합한 기준 적용이 사실상 전무하다고 할 수 있다.

　노후생활을 도와주는 실버제품으로 노인용 기저귀를 비롯해 미끄럼방지 양말, 전동 휠체어에 이르기까지 다양한 제품들이 선보이고 있다. 이들 제품을 취급하는 판매점의 범위도 넓어져 의료 용구점은 물론 독립적인 실버용품 판매점까지 등장했다. 가장 각광받는 제품은 요실금 팬티이다. 활동의 편리함을 더해 주고, 요실금에 대한 걱정을 덜 수 있기 때문이다. 또한 노인용 특수 양말이 있는데 가벼운 낙상에도 큰 부상을 입기 쉬운 노인을 위해 양말의 밑 부분에 고무를 대어 실내에서 미끄러지는 것을 방지한다. 이밖에도 발을 편안하게 하고 무게도 가벼운 노인전용 신발, 중풍이나 가벼운 마비증세가 있는 노인들이 음식을 편하게 먹을 수 있도록 도와주는 식사용 에이프런, 물 없이 머리를 감거나 몸을 닦을 수 있는 샴푸와 비누, 의자가 부착된 보행기, 편하게 앉아 목욕할 수 있는 의자 등에 이르기까지 다양한 제품들이 선보이고 있다.

　2006년도 실버세대 조사에 의하면 관심을 갖고 있는 제품은 역시 건강과 여행에 관련한 것으로 조사되었다. 그중 건강 보조 식품이 가장 큰 관심을 보였고, 운동기구·의료용품·여행 상품의 순으로 선호도가 높았다.

2 실버 서비스산업 부분에서 전망이 밝은 분야

　경제적 여건이 허락한다면 편안한 노후를 위해 어떤 제품·서비스를 희망하는지를 설문한 결과, 가장 희망하는 분야로는 노인전문 의료 서비스(33.5%), 여행상품, 전원주택(12.0%) 순으로 나타났다. 전체 응답 비율로는 노인전문 의료 서비스(55.3%), 여행상품(24.8%), 건강보조식품(21.5%) 순으로 나타났다[표 7].

[표 7] 노후를 위해 희망하는 서비스·제품(N=400, 단위%)

구 분	성 별		연 령		
	남자	여자	65~69세	70~74세	75세 이상
노인전문 의료 서비스	29.5	37.5	30.3	34.5	41.7
여행 상품	12.5	11.5	12.6	11.3	11.7
전원주택 구입	17.0	7.0	12.6	11.3	11.7
실버타운 입주	8.5	8.0	8.1	8.5	8.3
건강보조식품	7.0	9.5	7.6	9.9	6.7
가사 도우미	4.5	11.0	10.6	4.9	5.0
휴양시설	8.0	5.0	6.6	7.7	3.3
노인전용 헬스장	4.0	3.0	4.0	3.5	1.7
의료용품	1.5	2.5	2.5	1.4	1.7
간병인 서비스	0.5	2.0	1.0	1.4	1.7
기타	3.5	2.5	2.5	3.5	3.3
무응답	3.5	0.5	1.5	2.1	3.3

　　노년층에게 신제품이나 서비스를 소개하려는 조직들은 노년층의 제품 선호 성향에 관한 정보를 고려해야 한다. 청소년층이나 젊은층은 제품의 새로운 기능이나 특징을 선호하나, 실버소비자들은 오히려 기능이 단순한 제품을 선호하는 경향이 있다.

　　실버 서비스산업 분야에서는 노년층이 특정 유형의 제품을 구매하거나 구매하지 않는 이유를 이해해야 한다. 노인들의 정신 능력에서의 생물·무리적인 일부 변화가 신제품 이해에 영향을 미칠 수도 있지만, 그들의 혁신 수용 성향이 낮은 이유는 생애 주기와 사회적 상황에 관련된 요인들에서 찾을 수 있다. 마케터들은 노년층 소비자들의 제품선택을 용이하게 하거나, 이를 방해하는 요소들을 잘 이해해야만 한다. 또한, 노년층 시장에 신속히 수용될 수 있는 제품 생산의 전략뿐만 아니라 신제품 수용을 가로막는 장벽을 제거할 수 있는 전략도 함께 수립해야 한다.

article, 일본에서 히트한 실버 서비스산업의 분야별 창업아이템을 종합적으로 소개한다

- **실버재택급식사업 · 환자급식사업** : 고령자에게는 개개인의 특성에 따라 영양균형이 맞는 식사를 제공해야 한다. 재택의료가 보급되면 환자 특성에 맞는 식사요법을 제공해야 하므로 고령화 사회에 적합한 사업으로 전망이 밝다.
- **실버쇼핑대행업** : 자동차 등 이동수단이 없는 노년층을 대상으로 식료품이나 일용품 등의 쇼핑을 대행해주는 사업. 고령자 관련 비즈니스에 관심을 갖고 있는 사람에게 적합한 사업 아이템이다.
- **실버컴퓨터 가정교사 파견사업** : 노년층을 대상으로 인터넷이나 워드프로세서 등을 방문해 가르친다. 아르바이트 대학생을 직원으로 확보할 수 있어 창업이 비교적 쉬운 편이다.
- **실버카페** : 고령자의 여가 생활을 위한 사업으로 인터넷카페, 만화카페처럼 밝은 이미지로 바둑, 장기를 비롯한 각종 보드게임 카페를 꾸미면 된다. 중고 컴퓨터를 설치해 놓고 인터넷만 연결하면 된다.
- **실버시터 파견 사업** : 노년인구를 위한 간병, 간호 서비스를 하는 사업이다. 간호 · 간병용품의 판매 · 급식택배 등을 통한 부가 수입도 올릴 수 있다. 영업대상은 병원이나 노인복지기관 등이다.

건강 관련 사업

- **항균모래정화 서비스** : 기생충 등에 의해 오염된 학교 운동장, 공원 놀이터의 모래를 항균 처리된 모래로 갈아주는 사업이다. 오염된 모래를 2,000℃의 고열로 가열해 정화한다.
- **자연화장품 판매업** : 민감성 피부나 알레르기 피부를 가진 사람들이 늘고 있어서 자연 화장품에 대한 관심이 높아지고 있다. 품목 수가 크게 늘고 있어 상품에 대한 충분한 지식이 있어야 한다.
- **구취제거제 판매사업** : 구취, 체취 등 몸의 악취와 화장실 냄새 등을 제거해주는 사업이다. 허브 · 한방 원료 등을 이용해 만든다. 점포 개설이 필요 없이 물품구입 대금만 있으면 창업비용의 부담이 덜하다.

기타 히트 업종

　체형보정 기능성 내의 판매, 애완동물 대여, 중고만화대여, 흉상제작, 애완동물 카탈로그 판매, 무인비디오 · DVD 대여, 여성정장 대여, 24시간 응급 열쇠 사업, 와이셔츠 세탁, 먼지 제어, 욕실클리닝, 침구전문세탁업, 미끄럼방지 코팅, 주택 토털클리닝, 뷔페식 꽃집, 자동로봇초밥 배달, 서서 먹는 스테이크하우스, 인스턴트 두부 판매 등.

— 한국경제신문, 2005. 9. 30, 김숙응 · 이의훈

4. 실버 서비스산업 활성화를 위한 산업체의 역할 및 방안

1 실버 서비스산업 활성화를 위한 산업체 역할

- 시장에서 필요로 하는 상품 개발
- 안전하게 사용할 수 있는 제품 개발 및 보급
- 장기적으로 투자가 가능한 산업체의 적극 참여
- 고령친화용품 생산 활성화 및 홍보 활동

2 실버 서비스산업의 활성화를 위한 정부의 시급한 과제에 대한 조사

연구, 시제품 제작비용의 지원책을 마련하고(23.3%), 노인소비자 중심의 미래지향적인 개발 정책을 수립해야 하고(13.4%), 대국민 홍보 적극적으로 실시하여 인지도 높은 시책이 필요하다(13.4%). 실버 서비스산업의 성장을 동력화하기 위해서는 정부조직의 시급한 개선이 필요하다(10.0%). 또한 실버 서비스산업의 유통시스템을 활성화시키기 위한 정책 수립이 필요하고(10.0%), 전문인력 및 제품 개발을 위한 교육 및 연구기관의 신설(6.7%)(고령친화산업 포럼, 2007).

3 실버 서비스의 활성화 방안

1) 요양 서비스산업에 대한 육성 필요

고령화 사회 진입으로 노인의 요양보호 욕구증대 및 보호기간이 장기화되고, 핵가족화와 여성의 사회활동 급증으로 가정에서 가족의 보호지원은 한계에 달하여 접근성이 용이한 장기 요양 서비스(long-term care)의 필요성이 더욱 중요해지고 있다.

(1) 재가 요양 서비스

간병·수발 서비스, 방문 간호, 노인 용구·용품 대여 서비스 등을 포함하여 현재 재가 요양 서비스 충족률은 약 5%로 미흡한 수준이지만 향후 실버 서비스의 활성화를 위한 전략 분야로서 전망이 매우 밝다. 실버 서비스의 활성화를 위해서는 민간 독립형 방문 간병·수발시설 및 방문간호시설 등에 법인 및 개인이 참여할 수 있도록 법적 근거가 마련되어야 한다. 이와 함께 재가 요양 서비스의 질적 수준을 유지·관리할 수 있는 감독기관 지정이 필요하고, 적정 간병·수발인력의 양성 및 수급관리에 대한 정부의 정책 지원이 뒤따라야 한다.

(2) 시설요양 서비스

노인의료 복지시설인 요양시설과 요양병원에서 제공하는 서비스는 현재 약 30% 정도의 충족률을 나타내고 있다. 시설요양 서비스사업의 활성화 방안으로는 수요 촉진을 위하여 시설 이용료를 지원하는 역모기지론 개발 및 사생활보호지침도 마련되어야 한다. 또한 경쟁력을 갖춘 요양 서비스사업 운영자의 가맹사업(프렌차이즈)이 가능하도록 관련법 정비와 제도의 개선이 지원되어야 한다. 재원 투자에 있어서는 요양 서비스 수요에 적합한 경쟁력 있는 민간 부문이 참여할 수 있도록 기반을 조성하는 것이 필요하다. 이와 함께 노인복지의 성격이 강한 요양 서비스산업의 활성화를 지원할 재원 조성이 시급한 것으로 판단된다.

2) 실버소비자 보호를 위한 제품 및 서비스의 표준화

　실버 서비스 관련 제품 및 서비스 품질의 향상을 위해 제품에 대한 표준을 마련해야 하고, 경쟁력 있는 제품의 생산을 장려하는 한편, 소비자 보호를 위하여 품질 인증 제도를 도입해야 한다.

　미국의 경우 노인이 주 대상자인 요양 서비스산업 부문의 가정간호 서비스(Home Health care), 말기 환자의 호스피스, 요양원(Nersing Home) 등은 정부보험기구인 메디케어·메디케이드서비스센터(Center for Medicare and Medicaid Services)로부터 의무적으로 서비스 표준의 적합성 평가를 받고 있는 실정이다. 또한 미국에서는 독립적인 비영리 민간 신입기구로부터 서비스 인증을 받아 소비자에게 경쟁력 우위를 홍보하고 있다. 서비스의 품질인증을 할 수 있는 분야로는 요양 서비스산업을 포함하여 노인을 위한 용구·용품, 주거시설, 금융·보험상품, 여가·정보상품, 장묘상품에 이를 만큼 매우 다양하다.

3) 실버 서비스산업 분야의 연구 개발

　국가는 필요한 복지용구의 연구 개발 및 보급 촉진을 위한 재원을 확보하고, 지방자치단체는 복지용구의 보급을 촉진해야 한다. 또한, 국민의 이해와 관심을 확대할 수 있는 국가와 지방자치단체 공동의 홍보 활동을 강화해야 한다. 또한 국가는 노인성 질환의 진단 기술 및 신약 개발, 용구·용품 및 기기, 기능성 화장품 등의 연구 개발 지원을 확대해야 한다.

　특히 노인의 일상생활의 편의를 도모하고 기능 훈련을 위한 용구,

용품 관련 연구 개발은 부가가치가 높은 기술 집약적인 기기의 연구 개발에 비하여 상대적으로 지원이 크게 미흡한 상황이다. 일본은 복지용구의 연구 개발 및 보급 촉진, 이용자의 복지 증진에 기여하고 산업 기술의 향상에 이바지하는 것을 목적으로 1993년에 관련 법률을 제정하였다. 이렇게 제정된 법령에서는 국가 및 지방자치단체의 책무를 명시해 놓고 있다.

4) 실버 서비스산업육성 지원센터의 설립 운영

정부부처, 분야별 학계 및 연구기관의 전문인력으로 구성된 지원팀, 분야별 산업체 등으로 네트워크를 구축한 실버 서비스와 관련된 산업을 지원하는 기관이 필요하다. 지원기관의 주요 기능은 실버 서비스산업 육성 정책 개발의 실질 지원, 법·제도 정비를 위한 기초 조사 연구, 요양 서비스, 노인 용구·용품, 노인 주거시설 등의 표준 개발, 제품 및 서비스의 품질인증 센터 등의 역할을 수행한다. 향후 정부가 추진하는 법령을 제정할 때 실버 서비스산업 지원센터에 전문 인력 개발, 창업지원 및 산업 경영 자문 등의 포괄적인 기능을 담당하는 법적 근거를 마련해야 할 것이다.

5) 일관성 있는 공공복지 정책과 민간주도 육성 정책 개발

실버산업 제품 및 서비스에 대한 노인의 수요와 업체의 경쟁력 있는 공급량을 모니터할 수 있는 시스템의 선행 정착이 필요하다. 저소득층 노인을 위한 공공부문의 복지 정책은 중산층 이상 계층 노인이 주 소비주체가 되는 민간 부분의 고령친화산업 육성 정책과 균형을 이루도록 발전과 조화되어야 한다. 복지 정책과 산업 육성정책의 균형과 조화는 각 정부 부처간의 충분한 토론과 의견 조율을 거쳐 일관성 있는 명확한 정책 결정과정과 강력한 추진이 이어져야 가능하다.

Section 3

주택 관련 서비스

1. 주거 관련 서비스의 필요성

노인들의 의식이 달라지고 있다. 노인들은 자신의 재산을 자녀들에게 물려주고 자신이 죽을 때까지 자식들과 함께 살아가겠다는 생각보다 경제적으로 가능하다면 자녀와 떨어져 살면서 독립적인 삶을 살겠다는 TONK(Tow Only No Kid), TINK(Tow Income No Kid)족 노인들이 증가하고 있다.

그러나 자녀들과의 별거 생활은 만일 노인이 생계비가 없다거나 질병으로 고생할 때 자녀들로부터 도움을 받기가 어려워질 수 있기 때문에 이에 대한 보완책이 필요하다. 요컨대 그 보완책으로는 주거생활의 안정을 위한 사회보장제도의 확충, 자원봉사 서비스의 활용, 실버산업의 개발을 촉진시키는 방안을 꼽을 수 있다.

모든 사람들에게 주거 생활의 안정은 기본생활 요건 중 가장 큰 비중을 차지하고 있다. 노인 주거정책은 주거비 부담을 경감시킬 수 있게 경제력을 정책적으로 지원하기도 하지만 정신적 안정을 가져다준다는 점에서 그 의미가 크다. 또한 노인층의 체력약화로 인한 이동 및 일상생활의 불편, 거주지고착 성향, 경제력 감퇴 등을 고려할 때 노인 주거안정 문제는 정신적·육체적으로도 영향을 미치는 중요한 요인이다.

오늘날 우리 사회에서는 자녀들과의 동거가 지속적으로 줄어들고 노인들만의 독립적인 가구는 꾸준히 증가하고 있다. 자녀들에게서 제공받던 여러 가지 종류의 서비스를 대체할 필요성이 커지고, 노인층들도 안전성·편리성·독립성이 고려된 삶의 질을 제고할 다양한 서비스를 원하게 된다.

노인의 경제력이 향상되면서 부유하고 신체적으로 건강한 층에서 독립생활을 원하는 경향이 높게 나타난다. 하지만 나이가 듦에 따라 여러 가지 사회적·신체적·심리적 변화를 겪게 되며 스스로 돌볼 수 있는 능력을 점차 잃어가므로 이러한 현상에 대처할 방법 또한 절실하다.

2. 노인복지법에 의한 노인시설 분류

노인 주거복지시설에는 무료 양로시설, 실비 양로시설, 유료 양로시설, 실비 노인복지주택, 유료 노인복지시설 등이 있다([표 8]).

[표 8] 노인 주거시설(1988년 8월 노인복지법시행령 중 개정령)

주거복지시설 분류	내 용	이용대상	사업주체
양로시설	급식 등 일상생활에 필요한 편의 제공	생활보호법에 의한 보호대상자로서 65세 이상의 건강한 자	사회복지법인, 비영리법인, 국가지자체
실비 양로시설	저렴한 요금으로 급식 등 일상생활에 필요한 편의 제공	일정 소득이 있는 65세 이상인 자	사회복지법인, 비영리법인, 국가지자체
유료 양로시설	급식 등 일상생활에 필요한 편의를 제공, 일체의 비용을 입소자로부터 수납	60세 이상의 건강한 자	개인, 기업, 국가 사회복지 및 비영리법인, 지자체
실비 노인복지주택	저렴한 요금으로 주거편의를 제공하는 시설	단독취사 등 일상생활에 지장이 없는 65세 이상인 자	사회복지법인, 비영리법인, 국가, 지자체
유료 노인복지시설	주거의 편의를 제공하고 이에 소요되는 일체의 비용을 입소자로부터 수납	60세 이상인 자	개인, 기업, 사회복지법인, 비영리법인, 국가, 지자체

3. 실버타운

1 실버타운의 개념

'실버타운'은 일반적으로 '노인촌' 또는 '노인 주거단지'라고도 한다. '실버타운'은 고령자들에게 필요한 시설 및 서비스 기능을 갖춘 복합시설로서 유료양로원보다는 큰 규모이다. 이는 사회생활에서 은퇴한 고령자들이 노후에 안정된 생활을 보장받기 위해 일상생활 서비스·건강 관련 서비스·문화활동 서비스와 노인용 병원, 노인 커뮤니티 시설 등 각종 서비스 기능을 갖추고 있는 노인전용의 복합시설단지를 말한다. 다시 말해 노후의 안정된 생활 보장이 가능하도록 물리적인 시설계획과 생활 서비스를 제공하여 커뮤니티 기능이 복합적으로 구현될 수 있도록 주거, 의료, 휴양 등 복합기능을 갖춘 주거단지를 가리킨다.

2 실버타운의 구성 체계

실버타운의 서비스는 기존의 양로원과 같은 단순 주거기능 위주의 소규모 단일 시설뿐만 아니라 필요한 제반 서비스까지도 포함시켜야 한다. 그리고 복지수요 차원만이 아니라 시장 경제적 차원에 따라 시설에 대한 선택의 자유가 있으므로 다양하고 고급화된 시설을 구비해야 한다.

또한 실버타운에는 시설을 체계적으로 활용할 수 있도록 훈련된 운영요원과 각종 프로그램이 함께 수반되어야 한다.

3 실버타운에서 제공하는 서비스

1 생활 편의 서비스
생활 정보의 제공, 식사제공 및 식사 배달 서비스, 목욕 서비스, 심부름 등의 대행 서비스, 프론트데스크 서비스, 재산관리, 상담 서비스, 가사활동지원 등을 포함한다.

2 의료 및 간호 서비스
신체 기능과 생활 습관상의 질병을 파악하여 노후의 삶의 질을 향상시켜주고 정기검진, 상담·건강카드관리, 재활 및 응급의료 지원 등을 제공한다.

3 사회복지 서비스
입주 후 빠르게 적응할 수 있도록 사회복지사에 의한 생활 안내 및 상담 서비스를 제공하여 생활을 여유롭고 즐겁게 보낼 수 있도록 체계적이고 다양한 여가 프로그램을 운용하여 노후생활의 삶의 질을 향상시킨다.

4 운동관리 서비스
자신에게 맞는 맞춤형 운동으로 건강을 유지 증진하기 위해 운동 처방사의 상담과 관리가 제공되고 트레이너와 함께 운동을 함으로써 체계적인 운동지도 서비스를 제공한다.

5 편의 시설 서비스
고령자의 특성에 따라 시설 공간의 동선을 짧게 하여 노인들이 모든 시설을 쉽게 이용할 수 있도록 하는 서비스이다.

6 안전관리 서비스
24시간 방범, 방재체제, 긴급호출 대응 및 생활리듬 체크 등의 시스템을 갖춘 최근 실버타운들은 건강이변감지센터, 세대별 위급호출기, 원격검침시스템 등 최첨단 객실관리시스템을 운용하여 노인들의 비상상황에 안전을 보호하는 서비스이다.

4 서비스 프로그램

[표 9] 서비스 프로그램

구 분	서 비 스
식사 서비스	1일 3식 복수메뉴, Table Service, 의사 처방에 의한 치료식 제공
가사 서비스	주 2회 거실 바닥 청소 실시, 침구류 세탁 서비스, 건조형 세탁기 제공
생활편의 서비스	생활상담, 재무관리 코너 설치, 셔틀버스운행(서울, 강남, 수원)
건강관리 서비스	24시간 간호사 응급대기, 연 2회 건강검진, 건강상담, 영양상담, 운동처방, 클리닉(내과, 외과, 가정의학과, 재활의학과, 치과) 이용
문화·여가 서비스	스포츠센터 이용, 입주자전용 강좌 수강 및 이벤트 참여, 스포츠문화센터 강좌 수강시 외부인 수강료의 50% 할인

— 김영희, 「실버타운 서비스 품질 향상에 관한 연구」(2006)

5 실버타운 이주 이유

실버마케팅 연구소에서 조사한 실버타운 이주 이유와 선호 이유를 살펴보면 다음과 같다. 미국 실버타운의 경우 다양한 레크리에이션 활동을 제공하여 지루하지 않고 즐거운 삶을 누리도록 배려하여 실버층을 유인하는 주된 요인으로 작용되고 있으나, 우리나라 노년층은 의료 서비스 중심의 단순한 프로그램의 반복으로 이어지는 경향이 있다.

[표 10] 실버타운 이주 이유 (단위 : %)

항 목	의료 서비스 미제공 실버타운(n=48)	의료 서비스 제공 실버타운(n=97)
배우자의 죽음	45.8	44.3
가정의 허드렛일을 할 수 없거나 싫어서	70.8	50.5
주거 비용을 줄이기 위해서	54.2	21.6
자녀·친척과 더 가깝게 살기 위해서	22.9	11.3
지속적으로 건강관리를 받아야 할 필요가 있어서	37.5	78.4
개인 보호 서비스를 받기 쉬워서	41.7	64.9
사회적 접촉과 활동의 기회가 많아서	39.6	30.9
자유롭고 독립적이어서	33.3	28.9

# 4. 주거시설 관련 서비스 정책

실버주거시설을 원하는 소비자들의 다양한 욕구를 충족시키기 위해서는 실버타운의 종류나 제공되는 서비스가 다양해야 한다. 소비자들의 신체 건강 정도, 소득, 학력, 가족관계, 취미생활 등 사회, 경제, 문화적 변수 등에 따라 이에 맞는 서비스를 제공할 수 있는 시스템이 필요하다. 실버타운은 사회에서 은퇴한 고령자들이 노후에 안정된 생활의 보장을 받기 위해 일상생활 서비스, 건강관리 서비스, 문화활동 서비스와 노인용 병원, 커뮤니티 시설 등 각종 서비스 기능을 갖추고 있는 노인전용의 복합시설 단지이다. 때문에 실버타운은 자녀에게 부양받기를 거부하고 부부끼리 독립적으로 생활하며 자신들만의 오붓한 삶을 즐기려는 노인세대가 점차 늘어나면서 많은 관심이 집중되고 있다. 노인의 활력 지원은 주거생활과 연계한 의료 및 생활 서비스의 제공, 주거생활과 연계된 사회활동을 지원함으로써 일거리 창출과 직업교육에 관한 서비스도 제공하는 방식이 바람직하다.

위와 같은 목표를 달성하려면 노인주택의 공급을 확대하여 선택의 폭을 넓혀야 한다. 또한 대다수 노인에 대해서는 재가 노인지원 방식으로 주거이동성을 최소화하며, 의료 및 생활 서비스를 연계시켜 노인부양을 위한 가족의 동거를 유도하고 지원해야 한다.

Section 3

1 노인 주거 서비스에 관한 정책 과제

노인 주거 정책 서비스는 주거시설, 주택관리 및 운영, 주거비 보조, 의료 및 생활 서비스 연계가 종합적으로 제공되어야 하므로 이에 대한 정책적 지원 시스템의 구축이 필요하다. 재정의 부담 때문에 노인 주거에 관한 서비스를 정부가 전면적으로 해결할 수는 없기 때문에 장·단기적인 지원 정책을 마련하기 위한 접근이 필요하다.

2 실버 주거시설 경영 원칙

① 동질적 집단을 대상으로 삼아야 한다

실버 주거시설의 경영은 입주자 구성의 동질적인 욕구를 잘 파악하여 입주자들을 만족시킬 수 있는 서비스를 제공해야 한다.

② 실버시설은 자녀들의 거주지와 가까운 곳에 위치한다

자녀들이나 기존의 사회에서 격리된 지역에 위치한 경치 좋은 휴양지와 같은 실버시설의 이용률은 매우 낮은 편이다. 자연 경치만을 고집해서는 안 되는 이유의 하나는 실버층은 상대적으로 젊고 건강하며 일에서 완전히 은퇴를 하지 않는 경우가 많기 때문이다.

③ 실버시설의 서비스는 다양한 노인층의 심리적 욕구에 맞게 제공되어야 한다

　실버 시설을 필요로 하는 노인들의 동일한 욕구와 이질적인 욕구를 잘 파악하여 가능한 상황에 따라 알맞은 서비스를 제공해야 한다. 실버타운에는 주거시설 이외에도 클리닉센터, 헬스클럽, 수영장, 골프연습장, 찜질방, 취미교실 및 정기적인 건강검진 시설 등이 필요하다.

④ 실버주거 서비스 시설은 입주자들의 신체적 특성을 잘 살펴 일상생활에 도움을 줄 수 있도록 한다

　편리한 주거시설의 이용을 위해서는 노화 현상에 따른 신체적 특성을 고려한 안전시설이 마련되어야 한다. 아래 표는 노인의 신체적 특성과 안전시설에 대한 참고사항을 담아 놓았다.

[표 11] 신체적 특성에 따른 주거와 주거환경

노화 현상에 따른 문제	생활에 도움을 주는 주거환경
• 야간 시기능 저하 • 색채 감각 감소 • 암 순응 능력 감소 • 사물 인지에 대한 정확성 감소 • 가청거리 감소 • 후각 기능 쇠퇴 • 촉각 기능 쇠퇴 • 온도 변화에 둔감	• 표식이나 글자 등을 크고 선명하게 하여 쉽게 볼 수 있는 높이에 위치함. • 큰 목소리의 이야기하거나 TV·라디오 소리 등을 크게 해도 옆방에 방해되지 않도록 각실 사이의 방음 고려 • 방, 화장실 환기 확보 • 경보장치(가스 누출, 방화 위험)

⑤ 다양한 프로그램 진행과 활동을 장려하여 지루함 없이 생활하도록 한다

　노인의 신체적·정신적·사회적 욕구를 충족시킬 수 있는 프로그램이 지속적으로 증가되어 노인 거주자들이 다양한 여가 문화에 적극 참여하도록 해야 한다. 노인이라고 해서 바둑, 꽃꽂이 같은 정적인 활동만 고려할 것이 아니다. 관광, 산책, 바자회, 이벤트 등 다양한 프로그램을 항상 고안하여 입주 노인들의 자발적인 참여를 유도해야 한다. 노인 거주자들이

들어와서 살고 싶고, 함께 하고 싶은 공간임을 구체적으로 느낄 수 있어야 한다.

⑥ 직원들이 협력하여 입주자를 최고의 서비스를 제공한다는 마인드를 발휘할 수 있도록 체계적인 직원 관리 프로그램이 필요하다

그 외에도 노인 거주자들에게 서비스 선택의 여지와 독립성이 최대한 보장되도록 하고, 예전부터 익숙한 활동을 장려하며, 옮기거나 바꾸는 부분은 자제하는 것이 바람직하다. 또한 실버타운이 지역 사회와의 원만한 관계를 유지하는 것도 매우 중요하다.

5. 주택 관련 서비스의 과제

1 입주자의 권리옹호와 정보개시

유료 노인홈에서는 단신세대의 입주가 많으므로 나이가 들면서 판단(의사)능력이 흐려질 때를 대비한 권리옹호 시스템을 활용해야 할 필요성이 있다. 그러한 시스템으로는 성년후견제도나 사회복지협의회가 실시하는 지역복지 권리옹호사업이 있으나 현재 그다지 활용되고 있지는 않다.

유료 노인홈 사업내용이나 서비스에 대한 정보가 개시되는 것은 입주자 보호나 입주희망자가 바른 선택을 하는 데 매우 중요한 일이다.

2 실버 서비스와 발상의 전환

앞으로는 일반 집합주택에서도 배리어 프리[1]나 유니버설 디자인[2]화가 진행되어 장해 때문에 생활 자립이 곤란하더라도, 움직이기 쉽고 개호보험이나 지원비 제도 주택 서비스를 활용하여 시설타입의 생활이 아니라 평범한 생활패턴으로 지낼 수 있게 될 것이다.

일부에서 선행되고 있는 바와 같이 고령자와 장애자가 같은 집에서 보내는 공생형 주택도 나타나고 있다. 거기에 오후 한때 어린이가 방문하여 함께 보내는 프로그램도 있다. 이러한 프로그램은 생활의 질(QOL)을 향상시키는 측면에서 기대 이상의 효과를 불러오고 있다.

실버 서비스 중에서 주택 관련 서비스를 제공한다는 틀에 구애받지 않고 더 넓은 연령, 장해의 종류에 관계없이 모든 사람이 함께 어울릴 수 있는 생활 및 지역사회를 만들기 위한 발상의 전환이 필요하다.

---

1) 배리어 프리(barrier free) : 장해가 있는 자가 사회생활을 하는 데 장해(barrier)가 되는 것을 제거한다는 뜻이다. 원래 주택건축용어로 등장하여 단차 등의 물리적 장벽 제거를 말하는 경우가 많으나, 보다 넓은 의미로 장애자의 사회참가를 곤란하게 하는 사회적·제도적·심리적인 모든 장벽을 제거한다는 의미에서 사용된다.
2) 유니버설 디자인(universal design) : 배리어 프리는 장해에 따라 초래되는 장벽에 대처하는 방식인데 반해 유니버설 디자인은 미리 장해의 유무, 연령, 성별, 인종에 관계없이 다양한 사람들이 이용하기 쉬운 도시나 생활환경을 디자인한다는 생각.

의료·보건 관련 서비스

Section 4

Section 4

한국인의 기대 수명은 78.6세이지만 건강 수명은 68.6세인 것으로 나타났다. 60세 이후 약 10여 년간 노인들은 질병이나 사고 인한 통증, 신체적 불편, 정서적 불안 및 우울감으로 인해 건강하게 못산다는 의미이다. 의료 보건 서비스산업은 노인들의 중요한 분야이다.

노년층의 증가는 의료 서비스의 증가로 귀결된다. 이 장에서는 노인 의료 및 보호 서비스의 종류와 다양한 실버 서비스산업의 면모를 알아보기로 한다.

[표 12] 노인 의료비 증가 추이

	1990	2000	2001	2002	2003	2004
전체의료비	222	1314	1782	1906	2053	2238
노인의료비	24	229	317	368	473	511
구성비	10.8	17.4	17.8	19.3	21.3	22.9

1. 의료·보호 서비스 종류

- 주간 보호시설 서비스 : 자기 집에 있으면서 통원 보호를 받을 수 있는 서비스
- 단기 보호 서비스 : 주간 보호시설과 1~2주일간 일시적인 입원을 통해 보호받을 수 있는 서비스
- 재가 복지 서비스 : 노인이 집에서 보호를 받을 수 있는 서비스

이외에도 이동 목욕 서비스, 식사배달 서비스, 식품배달 서비스 등을 포함한 종합적인 건강보호 제공 서비스가 있다.

2. 건강 및 의료 서비스산업

시니어 파트너즈가 일본 시니어커뮤니케이션과 공동으로 한·일 양국의 50~60대(한국 500명, 일본 813명)를 대상으로 한일 시니어의 인식 및 행동비교를 설문조사했다. 연구 결과에 의하면 우리나라 노인의 첫 번째 생활 관심사는 건강으로 나타났다([표 14]). 또한 노후생활에서 가장 불안한 점으로 의료비·건강 문제를 꼽은 것으로 나타났다([표 15]).

[표 14] 한·일 노인의 첫 번째 생활 관심

	건강	자녀결혼	재산증식	취미활동	직장·일자리	운동	자녀운동	가족관계
한국	58.8	13.2	10.3	4.2	3.8	3.3	2.7	1.8
일본	50.0	3.0	5.0	2.0	7.0	1.0	2.0	8.0

―Seniorpatners, 한·일 시니어의 인식 및 행동 비교(2006)

[표 15] 노후생활에서 가장 불안한 점

	의료비·건강 관련	소득 감소	배우자 사망	가족·사회단절
불안한 점	53.3	32.6	11.2	2.7

한국방송공사(KBS)에서 조사한 "실버세대의 조사"에 의하면 최근 가장 걱정되는 질병 또는 질환은 다음과 같았다.
- 1위 고혈압(21.8%)
- 2위 당뇨(9.8%)
- 3위 정신질환(8.8%)

노후생활을 위해 가장 필요한 것으로는 전체 응답자 중 61.8%가 '신체적 건강'이라고 응답했다. 건강유지를 위한 활동으로는 가벼운 운동이나 산책, 등산을 선호하는 것으로 나타났다. 74세까지는 운동을 통해 주로 건강 유지를 하는 반면, 75세를 넘어가면 운동을 줄이고 약에 의존하는 비율이 높아지는 경향을 보인 것으로 나타났다.

3. 실버 의료·보건 서비스산업

실버 의료나 보건 서비스는 제품의 효과, 이용의 편리성, 정보습득의 용이, 가격 등으로 결정된다. 노인층의 쇠퇴하는 생리적 현상으로 말미암아 의료 서비스의 효율성이 매우 중요하다.

의료 보건 서비스 제공 기관이나 제품 구매의 이용 편의성도 실버 소비자들의 변화하는 신체조건에 알맞게 제공되어야 한다. 의료·보건 서비스 제공기관은 실버 소비자들이 찾기 쉬운 장소에 위치해야 하고, 편리하게 이용할 수 있도록 의료 종사자나 판매원들이 전문적인 지식을 갖추고 친절하게 실버 소비자들을 대하여야 한다.

또한 실버 소비자들은 가격 할인이나 판촉 활동에 민감하므로 이들에게 우대 할인 제도나 쿠폰, 리베이트, 세일 등 특별 할인 제도를 적절히 활용해야 한다.

금융 관련 서비스

Section 5

1. 금융 관련 서비스의 발전 필요성

노후생활의 연장에 따른 삶의 질적 보장을 위해서는 노후소득 보장, 건강유지와 노인성 질병 치료 및 노후 주거 안정을 위한 자금 조달 등이 필수적이다. 이러한 경제적인 문제를 해결하기 위한 금융 분야의 역할도 그만큼 중요해지고 있다.

고령화에 의한 노인 부양 비율의 상승, 급속한 산업화에 따른 핵가족화의 진전, 사회발전에 따른 고령자 니즈(needs)의 다양화·고급화 등으로 가족제도에 의한 문제해결 기능이 점차 약화되고 있다. 이에 따라 고령자의 금융 문제는 이제 적극적으로 해결 방법을 모색해야 할 사회적 문제가 되고 있다.

고령자의 금융 문제는 부분적으로는 국가에 의한 고령자 소득 정책의 강화에 의해 해결될 수 있지만 한계가 있다. 따라서 스스로 노후를 대비한 자조 노력을 강화하고 이를 보조할 수 있는 민간 금융 산업의 발전이 병행되어야 효과적이다.

일부 금융 상품 및 서비스는 실물 부분과 밀접한 연관을 가지고 있다. 때문에 실물 부분의 고령산업 발전이 관련 금융상품 및 서비스 발전의 전제 조건이 된다. 즉 노인주택, 노인의료 및 간병 서비스 등이 발전할 경우 이들을 금전적인 면에서 뒷받침할 수 있는 금융상품 및 서비스도 함께 발전해야 한다.

[표 16] 2000년도 노인 생활비의 수입원 (단위 : %)

경비 출처	한국	일본	미국	독일	스웨덴
공적연금	55	84.9	85.4	83.5	85.5
사적연금	1.2	11.1	39.0	22.7	14.8
근로임금	34.2	33.4	25.5	9.7	14.9
저축에서 인출	21.7	22.1	25.6	36.2	26.1
재산수입	10.1	8.2	32.6	15.2	4.8
자녀의 도움	59.4	12.0	2.7	3.8	0.4
공적 부조	6.1	1.0	1.9	3.6	3.5
기타	2.5	3.2	6.6	5.0	3.7

— 일본총리실(2001)

2001년 자료에 의하면, 한국은 그동안 일본, 미국, 독일, 스웨덴과 같은 선진국과 비교해서 연금제도에 의한 노후 소득 보장이 제대로 실시되지 못하여 자녀의 경제적 도움에 크게 의지하는 현상을 나타내고 있다. 노인 스스로 노후를 위한 저축이나 재산을 모아 놓지 못한 경우가 많아서 자립 생활은 불가능한 경우가 많다.

하지만 점차 국민연금제도에 의한 공적 연금 수급자들이 증가하고, 경제 성장에 따른 국민 소득의 증가와 노후를 위한 대비로 노인들의 소득도 차츰 향상될 것으로 전망된다. 과거에는 노인에게 필요한 용품을 자녀가 구입해주는 경우가 많았으나 이제는 노인 스스로 구입하는 경향이 높아지고 있다.

2. 고령자 관련 금융상품 및 서비스

금융 분야에서는 현재의 노인 계층은 물론 향후 노인세대로 진입할 예비 고령자 계층의 금융 욕구도 중요시된다. 즉 노후대비를 위해 각종 연금 및 보험 상품을 구입하는 예비 고령자 계층과 노후 자산의 관리 및 상속, 의료비 등과 관련된 금융 서비스를 필요로 하는 현역 고령자 계층이 함께 고려되기 시작했다.

금융 자산을 보유하게 될 노인 및 예비 노인 인구가 금융 분야에서 가지는 욕구(Needs)를 구분해 보면 다음과 같다.

① 노년기의 기본생활비 및 여가 선호 등 문화생활수준을 유지하기 위한 충분한 현금 흐름의 보장 니즈
② 의료비 등으로 인한 갑작스런 목돈 수요에 대비할 수 있는 재정적 환충 니즈
③ 여유 자산의 운용 및 관리 니즈
④ 자녀 등에 대한 자산상속·증여 설계와 관련된 니즈

이러한 금융 니즈에 대응하기 위해 국내 금융기관들도 현재 다양한 금융 관련 상품 및 서비스를 개발·제공하고 있다. 노인 시장을 겨냥한 금융상품 및 서비스의 경우 2000년 이후에 두드러지기 시작했다. 노인전용 예금상품, 역모기지상품, 즉시연금, 고령자용 건강보험, 자산관리 및 상속 설계 서비스 등이 제공되기 시작하였고, 특히 외국계 금융사의 국내 진출이 본격화되면서 고령자용 상품의 종류 및 서비스의 다양화도 가속화되고 있다.

역모기지
부동산 이외에 별다른 생계수단이 없는 노년층의 생계유지에 도움을 줄 수 있는 연금식 대출상품

보험권에도 노인성 질환 및 재택 간호상태를 집중적으로 보장하는 노인을 위한 간병보험상품도 증가하는 추세이다. 노인계층의 소득증대, 선진 보험사의 국내진출 본격화, 장기 간병사업 시장의 성장에 대한 대응으로 질병보험 및 장기 간병보험 수요 증가에 대비한 것이다.

[표 17] 국내 금융기관의 노인 관련 상품 및 서비스 현황

형태	회사 및 상품명	내 용
은행 예금	제일은행	• 부모님 계좌에 100만원 이하 송금 시 수수료 면제 • 65세 이상 고객이 본인계좌에서 수표 인출 시 발행수수료 면제
	기타 은행예금	• 외환은행 : YES실버신탁 • 조흥은행 : 경로우대통장 • 하나은행 : 하나55클럽 등
대출 및 신용카드	국민은행 실버론 (연금형 생활안정 자금대출)	• 부동산 이외의 생계수단이 없는 노년층 대상 부동산 담보 대출 • 매달 일정금액을 연금식으로 지급 • 대출 상환 중도 사망 시 상속권자 대신 상환
	조흥은행 OK연금모기지론	• 60세 이상 고객에게 주택담보대출을 연금식으로 지급
	서울은행	• 40대 이상 여성고객 대상 • 연간 신용카드 사용금액 500만 원 이상 사용고객에게 부가 서비스 제공
	조흥은행 즉시 연금식 신노후 신탁	• 60세 이상 고객이 목돈을 맡기면 가입 즉시 매월 일정액을 지급하는 연금신탁 • 부모를 위해 가입하고자 하는 자녀 고객을 겨냥
	삼성생명 무배당파워 즉시연금	• 가입과 동시에 연금 지급
건강보험 및 상해보험	대한생명 굿모닝 실버건강보험	• 치매 등 노인성 질환을 집중적으로 보장 • 피보험자가 치매에 걸리면 1천만 원의 생활안정자금을 지급하고 매년 3백만 원의 연금 지급
	SK생명 무배당 OK! 실버보험	• 50~70대 고령자들이 무진단으로 가입할 수 있도록 상품을 설계
	AIG 무사통과 실버보험	• 노인 골절 전문 보험 • 50~75세 노장년층을 대상으로 하는 상해보험
신탁, 상속 및 장례	하나은행 내리사랑신탁	• 위탁자의 유언에 따라 상속자산 유증
	조흥은행 CHB유언신탁	• 60세 이상 고객의 종합자산관리와 유언 및 상속문제에 대한 재산관리 서비스 제공
	신동아화재 효도보험	• 각종 장제비용(묘지비용, 장계비용, 사십구일祭 비용 등)을 보장하는 장례보험
	우리은행 웰스피아	• 2001년 12월부터 유언서 보관 및 집행 등을 제공하는 실버금융 상품 판매

— 조은정, 한국이 15명의 시장이라면, 애경 이코노미(2006)

3. 고령자대상 금융산업의 전망

　지금까지 노인층에 대한 국내 금융 서비스 분야에서 은행이나 보험권의 연금 상품들은 대부분 단기 저축성 상품이 주를 이루고 있어서 노후 대비수단으로 보기에는 다소 미흡한 부분이 있었다. 보험권의 건강보험 상품의 경우에도 장기 간병에 대한 사회적 인식의 부족, 제반시설의 미비, 장기 간병 관련 상품 및 서비스 자체의 수익성 문제 등으로 치매 및 각종 노인성 질환 등 고비용 서비스 보장이 크게 미흡한 실정이다.

　그러므로 향후 노후 대책에 대한 사회적 니즈의 증가와 함께 정부의 세제지원 혜택, 관련 산업의 발전 등으로 연금형 금융상품과 장기 간병보험상품은 향후 유망한 노인 금융상품으로 떠오를 것으로 전망된다.

4. 일본의 고령자 대상 산업

일본은 65세 이상 노인인구 비중이 1994년에 14%를 넘어서면서 고령사회로 진입했다. 2014년에는 21%로서 초고령사회 진입이 예상되며, 2020년에는 26.9%까지 상승해 세계 제일의 고령화국가가 될 것으로 예상하고 있다.

이렇게 노인 인구 비율이 지속적으로 상승하게 되면 노인인구에 대한 사회 및 국가의 부담이 크게 증가될 것이다.

[표 18] 일본의 노인복지 과정

연대별	특징	내용	65세 이상 인구 비중
1960년대	노인의료복지 기반 구축	• 1961년 국민개보험 실시 • 1963년 노인복지법 제정	5.7%
1970년대	노인의료비 증가	• 1970년 사회 복지 시설 긴급 정비 5개년 계획 • 1973년 복지 원년 선포, 노인의료비 무료화	7.1%
1980년대	노인보건제도 창설	• 1982년 노인보건법 제정 • 1986년 노인보건시설 창설 • 1989년 골드플랜 수립	9.1%
1990년대	21세기 준비	• 1990년 복지 8법 개정 • 1992년 노인방문간호제도 • 1994년 신골드플랜 • 1997년 개호보험법 제정 • 1999년 골드플랜 21	12.0%
2000년대	개호보장 시작	• 2000년 개호보험법 시행 • 2000. 3. 연금개정안 공포	17.3%

— 박동석, 쇼크, 굿인포메이션(2003)

일본은 노인천국이라 불릴 만큼 대부분의 노인들은 여유로운 생활을 보내고 있다. 그 원인은 노인들이 건강해졌고 돈이 많아졌기 때문이다. 보다 근본적인 원인은 일본 사회가 노인들이 풍요로운 생활을 즐길 수 있도록 오랫동안 준비해 왔기 때문이다. 일본은 대공황이 닥쳤던 1930년대 초반에도 노인복지를 염두에 둘 만큼 고령화 문제에 일찍부터 관심을 기울여 왔다.

일본이 노인복지를 준비해온 과정을 요약하면 다음과 같다.

[표 19] '신 고령사회 대책방안'의 기본지침 및 과제

구분	주요 내용
기본지침	• 획일적 고령자 기준을 재검토, 개별상황에 따른 시책 마련 • 문제의 대응차원이 아니라 문제의 예방·준비 차원을 중요시 • 지역사회 기능의 활성화 • 고령기의 남녀 성별차이가 고려된 시책을 마련 • 고령자의 의료·복지, 정보통신 등 과학 기술의 활용기회 확대
과제	• 고령자 자립을 지원하여 다양한 생활 패턴이 가능하도록 유도 • 연령만으로 고령자를 구별하는 제도·관행 등의 재평가 • 세대간 연대 강화 • 지역사회에 대한 참여를 촉진

— 김은지, '일본 정부의 고령사회 대책 추진 현황과 한국에의 시사점'(2003)

또한 일본은 노인복지정책과는 별도로 고령사회에 경제사회의 건전한 발전과 국민생활의 안정적 향상을 도모하기 위해 1995년에 '고령사회대책기본법'을 제정하였다. 이후 일본 정부는 고령사회 진입으로 변화된 경제사회적 정세에 대비하기 위해 2001년 12월 고령사회에 대한 중장기 지침을 담은 '신고령사회 대책방안'을 발표하였다. 이 대책에는 일본 정부가 고령사회 대책을 추진하는 데 필요한 기본지침과 과제가 제시되어 있는데, 그 내용은 [표 19]와 같다.

5. 노후를 위한 금융부분의 서비스산업 전략

① 금융적 측면에서 노후 보장의 양대 축이라 할 수 있는 연금과 건강 및 간병보험 분야에서 국가와 민간이 어떠한 협력 방식을 택하는가에 따라 구체적인 방향이 설정될 것이다. 민영 연금, 민영 건강 및 간병보험 분야의 발전은 특히 중산층 이상 노인의 후생 증대에 크게 기여하기 때문에 이들 분야에 대한 세제상의 지원 등 정부의 정책적인 지원책이 더욱 확대될 필요가 있다.

② 민간 금융기관의 입장에서도 노인계층의 각종 금융 니즈를 적극적으로 연구하고 관련 상품 및 서비스를 선제적으로 개발·제공하는 일이 필요하다.

③ 금융권 간 업무 영역을 분리하기보다는 저축, 투자, 보험 등 노인의 전반적인 니즈에 원스톱으로 대응할 수 있는 종합적인 상품 및 서비스 개발에 힘써야 한다.

④ 오늘날 노인들은 소득 수준과 건강 상태에 따라 다양한 금융 니즈를 보유하고 있기 때문에 금융기관들은 노인을 단일 대상으로 접근하기보다는 주요특성을 고려하여 세분화된 접근을 하도록 한다.

노인 금융 시장은 50~60대 초반의 예비 고령자 계층을 60대 중반 이상의 현역 고령자 계층과 구분하여 대응하는 것이 바람직하다. 예비노인계층은 주로 부유하고 건강하며 사회활동이 왕성하다. 이들은 향후 다가올 노후에 대비한 자산축적 및 증식, 안정된 노후생활을 위한 건강 및 위험 관리, 여가활동 등에 대한 니즈가 강할 것이다.

따라서 자산증식 및 보장기능이 있는 연금 상품, 본인의 사망을 대비한 보험 상품, 치매 및 노인성 질환 등에 대비한 건강보험 상품 등을 제공하는 한편, 골프, 해외여행, 건강검진, 미용·성형 등의 여가·건강관리 활동에 관한 서비스에 관한 다양한 부가서비스를 개발해야 한다. 특히 부유한 예비 노인계층에 대해서는 전문적인 자산관리 서비스가 크게 어필할 수 있다.

여가 서비스산업

Section 6

Section 6

1. 여가 서비스 산업의 필요성

여가 서비스 프로그램을 개발하는 것은 실버산업의 중요한 영역이다. 노인의 여가 욕구가 증가하여 관광 패키지, 스포츠 프로그램, 레저타운 개발 등 노년층을 위한 다양한 여가산업이야말로 실버산업의 황금시장이라고 할 것이다. 또한 실버타운이나 노인주택 등 노년기 주거시설을 운영하는 데 있어서도 무료한 시간을 다양한 여가 활동 프로그램으로 보내게 하는 것이 비중 있는 과제이다. 노인의 취향과 욕구에 맞는 다양하고 탄력성 있는 여가 프로그램을 개발하여 스스로 흥미를 갖게 하여 자발적인 참여를 유도하는 것이 중요하기 때문이다.

최근까지도 우리나라 대부분의 노인들은 실내에서 책을 보거나, 장기를 두는 등 매우 정적이면서 수동적으로 여가를 즐기는 편중된 성향을 지니고 있었다. 하지만 실버 서비스산업의 개발 방향을 노인들의 심리적 특성과 기호·욕구들을 정확히 추정하여 이를 기초로 한 차별화된 여가 서비스를 제공해야 한다. 또한, 노인들은 퇴직과 더불어 발생하는 사회보장금, 퇴직금, 건강보험과 개인재산의 축척을 통한 경제력을 가지고 각종 취미, 오락, 놀이, 관광, 운동, 학습, 자원봉사 등 다양한 사회활동에 참여할 수 있기 때문에 이들의 삶의 질을 높이기 위해서는 여가시설이나 복지용구, 서비스 프로그램 등의 고품질의 상품 개발이 필요하다.

[표 20] 65세 이상 노인들이 주로 하는 여가 활동 (단위 : %)

구분	전체	성 별		자녀동거여부	
		남자	여자	동거	비동거
TV 시청	86.5	82.5	90.5	83.9	89.2
사교모임 참가	49.3	49.5	49.0	53.2	45.1
조깅	24.5	26.5	22.5	26.3	22.6
신문 읽기	23.3	39.5	7.0	21.0	25.6
종교활동	21.5	9.5	33.5	22.4	20.5
등산	19.0	30.5	7.5	14.1	24.1
화투·카드	16.8	16.5	17.0	22.0	11.3
사우나·찜질방	9.8	2.5	17.0	9.8	9.7
라디오 듣기	9.5	13.0	6.0	7.3	11.8
봉사활동 참가	9.5	9.0	10.0	7.3	11.8

― 한국방송공사, "실버세대조사"(2006)

　여가 서비스산업이란 사람들이 여가시간에 활용 가능한 여러 가지 시설, 장비 및 용구의 제공이나 자세, 판매 또는 각종 여가 활동의 교육, 훈련, 지도 등을 제공하는 산업을 가리킨다. 노인층을 대상으로 하는 여가 상품이나 서비스는 노년기에 즐길 수 있는 각종 취미, 오락, 운동, 관광, 교육 등과 관련된 서비스로서 지속적인 개발과 검증이 요구된다.

　수명 연장에 따라 노인인구가 증가하면서 노인들의 경제적 여건 및 건강수준이 향상되고 있으므로 여가 활동에 대한 욕구도 양적으로나 질적으로 높아지고 있다.

　노후생활은 곧 여가 생활이라고 할 수 있다. 정년퇴직한 노인들은 매일 매일의 생활이 곧 여가 생활이라고 볼 수 있기 때문이다. 그러므로 노인이 삶의 보람을 느끼고 사회적으로도 유용한 여가 생활을 보낼 수 있는 새로운 노인 문화를 고안하는 데 집중할 필요가 있다.

2. 노인 여가 서비스산업의 과제

노년기의 삶은 은퇴 후 레저기를 거치도록 되어 있다. 이 기간이 충분히 즐거울 수 있어야 하므로 적극적인 의미의 복지사회 구현을 위하여 사회 전반에서 은퇴 후 레저기를 준비할 수 있도록 합심해야 한다.

사회 전반에서, 장기적으로는 나이가 들어서 새로운 취미나 레저를 새로 습득하기는 어렵다. 따라서 국가 정책적으로 중년기나 그 이전부터 나이가 들어서도 즐길 수 있는 취미나 레저를 시작하도록 유도하여야 한다. 이를 위해서 정부와 민간 업체(개인, 기업, 민간단체 등)에서 실현해야 할 과제들을 요약하면 다음과 같다.

1 정부에서 해야 할 과제

① 노인 여가산업에 대해서, 노인들이나 일반 국민들의 거부감이나 위화감을 예방하고 건전하게 발전시키려면, 현재 정부에서 지원하는 노인 여가프로그램의 시설, 제품, 서비스를 노인의 욕구를 충족시킬 수 있는 수준으로 제공해야 한다.

② 정부는 노인문제 발생의 예방적 차원에서 노인 여가산업을 육성하기 위하여 행정지원과 재정지원을 제공하는 것이 필요하다.

③ 앞으로 노인 여가산업에 필요한 전문 인력의 양성이 필요하다. 특히 앞으로 계속 증가하게 될 실버세대의 다양한 여가 욕구를 충족시킬 수 있는 운동치료사, 관광전문가, 노인교육전문가 등의 양성이 필요하다.

④ 노인 여가산업이 영리를 추구하는 과정에서 노인 이용자들에게 끼칠 수 있는 신체적·정신적·재정적 피해를 방지하기 위해서는 정부의 적절한 규제와 지도·감독이 필요하다. 여가시설 운영에 대한 옴부즈맨 제도의 도입이나 이용 노인의 안전과 편의를 보장하는 제도의 도입도 바람직하다.

⑤ 정부는 노인여가 상품이나 서비스에 대한 정보를 노인 이용자들에게 정확하고 신속하게 전달하여 올바른 판단 아래 이용할 수 있도록 도와주어야 한다.

2 업체에서 해야 할 과제

① 실버업체는 노인의 신체적인 안전을 유지하고 권익을 지키면서 노인들에게 필요한 질적인 시설, 상품, 서비스 등을 제공하여 노인들에게 피해가 가지 않게 해야 한다. 또한 실버상품과 서비스의 품질을 보장하는 실버마크의 도입도 중요하다.

② 업체는 정부의 공식적인 정책으로 노인들의 특성이나 욕구에 대응하는 상품이나 서비스를 개발하여, 비록 이윤이 적고 서비스 전달에 어려움이 있을지라도, 노인들에게 꼭 필요한 서비스를 제공하도록 연구 및 개발해야 한다.

③ 업체는 경제력이 있는 노인만 이용자로 국한시키지 말고, 경제력이 없는 노인에게도 필요한 서비스를 제공하여, 노인여가 사업에서 얻는 이익금을 노인들에게 환원한다는 자세를 갖도록 한다.

④ 업체는 민간단체나 종교기관에서 비영리적으로 제공해온 기존의 노인여가 시설, 제품, 서비스 등과 경쟁해서 위축시키거나 흡수하여 단절시키는 일이 일어나지 않도록 한다.

⑤ 노인 여가산업은 현재의 노인층만을 대상으로 하는 것이 아니라 예방적 차원과 실버시장의 확대를 위해서 예비 노인층까지 포함한 적절한 상품이나 서비스를 개발하는 것이 바람직하다.

Section 7

홈 헬프
관련 서비스

1. 홈 헬프 관련 서비스의 의의

노인의 연령이 높아지면서 장해, 질환이나 부상 등으로 간호가 필요한 대상이 되었을 경우, 보호 서비스를 받으며 일상생활을 지속할 수 있도록 하는 것이 홈 헬프 서비스이다. 기존에는 가정 내에 보호자가 있는 경우 가족이 이를 담당해 왔다. 그러나 고령사회 가족구성의 변화에 따라 가족만으로는 감당할 수 없는 상황이 되었다.

독거 노인으로 보호자가 가정에 있지 않거나 보호자 자신이 고령으로 보호가 불가능할 경우, 또 보호자가 업무에 종사하고 있기 때문에 낮 시간은 혼자 지낼 경우에, 가족을 대신하여 보호차원의 사회적 대응이 요구된다. 그 때문에 개호보험(제Ⅱ장 참조)을 도입하거나 보호직이 보호 서비스를 전문적으로 제공하도록 변화하여 왔다.

가족을 대신하여 보호 서비스를 제공할 경우 전문적 서비스가 도입될 의의는 세 가지로 나누어 살펴볼 수 있다.

첫째, 연수를 받은 보호전문직에 의한 보호는 보호방법이나 기술적인 측면에서 보호자 상태 개선이나 생활 QOL 향상에 도움이 된다.

둘째, 전문직으로서 헬프뿐 아니라 재활이나 간호, 의료와 연대하여 팀으로서 보호자에 관계하기 때문에 보호 서비스의 효과가 크다.

셋째, 보호자에 대한 부담경감이나 보호방법 개선, 보호 환경조정 등, 종합적인 보호를 효율적으로 제공할 수 있다.

2. 홈 헬프 관련 서비스의 이념

보호 서비스는 케어 플랜이라는 종합적인 원조목표가 있어, 그 목표에 맞는 케어 제공은 개별원조계획으로서 설정되고 그 목표달성에 맞게 최적의 케어기술이나 방식이 선택되어야 한다. 나아가 보호는 인간 대 인간의 서비스이므로 그 제공 페이스나 순서가 이용자의 의향에 맞는 최적이 서비스가 요구된다. 따라서 인폼드 케어(설명, 납득, 동의하여 받는 케어)가 필요하다. 이러한 일련의 케어를 제공할 때 기본적 이념은 이하 세 가지 사항이 고려되어야 한다.

1 이용자 주체

이용자에게는 충분한 설명이나 정보가 제공되어 스스로 선택하고 납득하여 결정하게 하는 이용자 주체의 서비스이다. 서비스를 받는 사람이 참가하여 의향에 따라 서비스를 제공하는 것으로 케어 효과가 높다. 본인이 싫어하는데 케어를 강요하면 심신 상태의 악화로 이어져 사고의 원인이 되기도 한다.

2 자립지원

자신이 가진 힘을 살려 자신이 하는 것. 아무리 세심한 식사를 개선하여 제공하더라도 자신의 페이스나 양, 만족감을 얻기는 힘들다. 따라서 예를 들면 식사개조라면 식사의 내용 연구, 수저의 선택이나 자조구 활용, 식사자세나 체위 개조, 스스로 먹을 수 있도록 돕는 것이 최적이다. 자립지원은 스스로 할 수 없는 것을 지원하거나 환경정비, 복지용구의 도입 등으로 스스로 할 수 있도록 지원하는 것이다.

3 노멀라이제이션

간호가 필요한 상태의 생활이라면 가능한 한 지금까지와 같은 보통 생활에 가깝도록 한다. 간호가 필요한 원인으로는 신체장애, 질환, 치매, 지적 장애나 정신장해 등이 있다. 이런 경우 가능한 한 평소 생활에 가까운 서비스를 제공하는 것이 기본이다. 홈 헬프 서비스는 개인 자택에서 원조를 하고 그 사람의 일상적 리듬에 맞는 도움을 주어야 한다.

3. 홈 헬프 관련 서비스의 특징

홈 헬프 관련 서비스의 특징은 서비스의 대상자가 보호 상태에 있으며 충분한 정보를 얻기 힘든 환경이므로 제공자에 비하여 약자의 입장에 놓인 경우가 많다는 점이다. 따라서 제공자에게는 윤리관이나 인권 존중에 근거하는 서비스 정신이 요구된다. 또 심신상태의 관찰과 개선으로 이어지는 원조 등 홈 헬프 관련 서비스는 전문성이 요구된다. 나아가 서비스는 보호인의 생활에 직결되고 개별적이라는 특징을 가지고 있다. 따라서 개별적인 서비스 계획을 세워 프로그램에 근거한 서비스가 요구된다.

서비스 제공 과정에서는 보호인의 요망사항을 경청하는 것뿐 아니라 심신의 상태, 질환, 복용하고 있는 약제, 연령, 치아상태, 경제력 등도 감안해야 한다. 그런 측면에서 홈 헬프 서비스는 전문성을 가진 근본적이고 기초적인 서비스라고 할 수 있다.

복지용구 관련 서비스

Section 8

Section 8

복지용구란 최근 급증하고 있는 노인과 장애인을 위한 생활용구 및 신체 기능을 보전할 목적의 용구들을 총칭한다. 심신에 장해를 가진 자가 이용 가능한 기기나 기구 모두가 복지용구라 할 수 있다. 즉, 심신의 기능이 저하되어 일상생활을 영위함에 지장이 있는 노인 또는 장애인의 일상생활의 편의를 도모하거나 이들의 기능 훈련을 목적으로 보다 자립되고 삶의 질을 높이는 수단으로 이용되는 기기나 용구를 의미한다.

1. 복지용구 관련 서비스의 의의

1 생활에 필수적인 복지용구

개인차는 있으나 많은 사람들은 나이가 들면서 모든 신체 기능이 전반적으로 떨어진다. 그 결과 언젠가는 어떠한 보호가 필요해지는 상황에 이르게 된다. 또한 질환이나 그 후유증, 사고 등에 따라 평생을 신체에 장애를 갖게 되는 상황이 오기도 한다. 이러할 때 이제까지의 어떠한 불편 없이 누릴 수 있었던 자신의 집에 있는 모든 용구들이 사용하기 곤란하게 되어 버린다. 그 결과 자신의 집에서 계속하여 살 수 없게 되어 버리는 경우가 있다. 이러한 상황에서 복지용구는 생활의 지속, 생활권의 확대, 수발 노력의 경감, 생활의 회복, 긴급시의 대책 등을 위해 사용된다.

2 집은 누구를 위해 존재하는가?

우리가 생활하는 집을 비롯한 세상의 모든 건물들은 거기에서 생활하는 사람들이나 업무를 하는 사람들을 생각하여 만들어져 있지 않다. 내외 디자인, 설비기기 등의 일부를 제외한 대부분은 경제적 측면 및 건축자재유통 측면에서의 효율이나 시공 등을 고려하여 건축 관계자의 입장에 선 구조나 디자인, 설비로 되어 있다. 집은 항상 건강한 인간이 생활하는 공간이라는 전제로 하고 있다는 것이다. 여기에서는 이러한 가공의 인간을 '편의이미지 인간'으로 부르기로 한다. 이 '편의이미지 인간'은 당연히 나이를 먹지 않는다. 병의 상태가 나빠지지도 않으며 질환이나 사고로 신체장애를 가지는 경우도 없다.

3 자기의 집에서 생활하기 위한 방책

젊을 때 대다수 사람은 '편의이미지 인간'에 가깝거나 또는 그 이상의 신체능력을 가지고 있다. 신체상황이 미래에도 높은 레벨을 유지한다면 전혀 문제가 없으나 실제 인간은 당연히 나이를 먹고, 개인차는 있으나 신체 기능도 떨어지게 마련이다. 또 질환으로 신체상황이 악화되는 때도 있으며 그 후유증으로 신체에 장해가 생길 수도 있다.

이때 자신의 집에서 불편 없이 생활하기 위한 방책으로는 세 가지가 있다.

하나는 의료적 재활치료[3]를 하여 자신의 신체능력을 향상시켜야 한다는 것이다. 예를 들

---

[3] 의료적 재활치료 : 의료적 재활치료란 의사나 운동치료사, 작업치료사, 언어치료사, 간호사 등이 연대하여 심신장해자의 신체 기능 향상이나 유지, 그리고 일상생활에 관련되는 여러 동작의 움직임 등을 실시하는 것이다. 주로 병원이나 시설 등에서 시행되는데 최근 주택 등에서 시행되는 경우가 많아졌다. 예를 들면 운동치료사는 빛이나 열, 전기 등을 이용하여 치료하는 물리요법에 통증치료를 병행하여 기본적 동작을 가능하게 하는 운동요법을 실시하여 치료한다. 그리고 화장실 이용, 입욕, 식사 등 응용동작을 가능하게 하기 위한 치료를 실시한다. 상기치료 중에는 특수한 신발 등의 개조기구나 휠체어, 지팡이 등을 많이 이용한다. 또 퇴원 시에도 여러 가지 복지용구 도입을 위한 지도의 필요성 등에서 운동치료사를 비롯한 의료적 재활 전문가는 복지용구에 관한 지식이나 경험을 필요로 한다.

Section 8

면 휠체어를 사용할 수 없는 집이라 해도 본인이 손잡이를 잡지 않고 몇 걸음 걸을 수 있게 되면 생활을 지속할 수 있다는 것이다. 단 재활에 의한 신체능력 향상에는 한계가 있다.

두 번째는 가족 또는 보호 전문가에 의한 '보호력을 강화한다'는 것이다. 스스로의 힘으로 생활할 수 없는 사람도 자신 이외의 인력을 빌림에 따라 여러 행동이 가능해져 생활을 지속하는 일이 가능해진다. 그러나 보호하는 측에 가하는 부담감이나 스트레스가 커서 가족관계가 악화되는 경우가 많다. 또 홈 헬퍼나 간호사 등의 보호전문가 이용도 선택지이지만, 지속적 비용부담 등의 문제가 발생한다.

그리고 세 번째는 복지용구를 도입하여 주택개수[4]를 실시함에 따라 '주거환경을 향상시킨다'는 것이다. 예를 들면, 걷는 것이 곤란해져 재활에 의한 신체능력 향상도 바람직하지 않은 경우라도 보행기를 도입하면 다시 걸을 수 있다. 또 손잡이를 설치하여 그에 의지하여 걸어도 좋다. 복지용구 도입에 따라 신체능력은 그대로이나 여러 가지 생활동작이 가능해진다. 복지용구의 도입 시 일시적인 비용부담은 생기지만 그 후에는 자신의 페이스로 누구의 도움도 받지 않고 보다 자립된 생활을 할 수 있게 될 것이다. 이렇게 되면 보호의 양도 경감된다.

이렇게 복지용구는 의료적 재활치료나 사람의 손에 달린 보호와 같은 효과를 기대할 수 있다. 복지용구란 비록 신체에 장애를 가졌어도

---

4) 주택개수 : 주택개수란 '집을 개수하는 기술'이 아니라 이용자의 '생활과 인생을 개선하는 기술'이라고 할 수 있다. 구체적으로는 신축이나 증개측 등, 비교적 대규모의 공사가 수반되므로 손잡이를 달거나 단차를 없애고 샤워의자를 설치하는 등의 복지용구를 많이 이용한 소규모 개수가 많은데, 비록 간이 주택개수지만 이용자의 생활을 보다 자립시켜 활동적이게 하고, 충실하게 할 뿐 아니라 간호의 부담도 경감시켜 요간호자뿐 아니라 그 가족의 생활, 인생까지 좋은 영향을 미친다는 서비스이다.

이제까지 불편 없이 생활해온 장소에서 장애를 가지기 전과 가까운 상황에서 생활을 지속해 나가는 데 필수불가결한, 평소 사용해야 할 필수적인 '생활용구'5)이므로 결코 특별한 기기나 도구가 아니다.

4 '빨리 죽고 싶다'는 사람

T씨는 71세로, 40세 무렵 관절 류마티스6)라는 질환이 발견되어 부인(68세)과 둘만 생활하고 있었다. T씨는 이 질환 때문에 손발가락이나 팔꿈치, 어깨, 무릎, 손목 등에 강한 변형과 통증이 있었다. 무릎은 40도 정도밖에 굽혀지지 않는 상태였고 발목은 90도인 채로 고정되어 있었다.

집 안에서는 지팡이를 사용하고 때때로 선반 등의 가구에 의지해서 걷는 상황이었다. 이 때문에 가까운 병원 등에 외출할 때에는 항상 휠체어를 이용하여야 하지만, 팔꿈치에 통증이 오기 때문에 자력으로 휠체어를 진행시킬 수 없어 부인이 항상 도왔다.

T씨는 최근 10년 간 무릎이 조금밖에 굽혀지지 않기 때문에 자택 화장실이 양식임에도 불구하고 변기에 혼자 앉을 수 없었다. 또 안정적으로 서 있을 수도 없으며 붙잡을 곳이 없으면 선 채로 소변도 보지 못하는 실정이었다. 부인은 T씨가 화장실을 이용할 때마다 변기 옆에 서서 돕지 않으면 안 되었다. T씨는 약 한 시간에 한 번 화장실에 간다. 그 때문에 부인은 외출도 할 수 없었고 스트레스가 정점에 달하였다. T씨 역시 부인에게 말할 수 없는

---

5) 생활용구 : 복지용구는 결코 특별한 기기나 도구가 아니다. 예를 들면 시력이 나쁜 사람이 안경을 쓰듯이 걷는 것이 불편한 사람이 휠체어를 사용하는 것뿐이다. 휠체어도 안경과 마찬가지로 복지용구이며 모두가 일상생활에 없어서는 안 될 '보통' 생활용구이다.

6) 관절 류마티스 : 관절 류마티스 환자는 전국에 약 70만 명으로 추측되며, 여성에게 많고(남성의 약 4배) 30~40대에서 많이 발병한다. 여러 가지 타입이 있어 각각 증상도 다르지만 공통적인 증상으로는 발열이나 전신의 나른함, 관절통과 함께 관절이 변형되어 오는 원인불명의 질환이다. 유효한 치료방법도 현재로서는 없다. 대부분은 질환증상이 약하거나 강하거나를 반복하면서 점점 악화되어 가는 난치병이다.

Section 8

불편한 느낌이 점점 심해져 '빨리 죽고 싶다'고 생각하게 되었다. 항상 누군가의 도움 없이는 화장실도 편히 못 가는 T씨의 괴로움과 부인의 고통은 헤아릴 수 없다.

5 복지용구 도입의 효과

'복지용구를 잘 사용한다'는 것을 제안한 전문가는 '주택개수'라는 방법이 있음을 두 사람에게 설명하고 복지용구 도입을 제안한 후 주택개수를 실시하기로 결정하였다. 조속히 T씨의 집을 방문하여 평가 및 개수계획을 작성하였다. T씨의 집은 단차가 매우 많고 난간에는 지지대가 거의 없었다. 또 화장실의 변기는 낮고 무릎을 굽히기 힘든 T씨는 부인의 손을 빌리지 않으면 앉기조차 힘든 상황이었다.

T씨는 최근 10년 간 욕조에 들어갈 수도 없었고 겨울에도 샤워만 할 수 있었다. 욕실에 붙잡을 만한 것이 전혀 없었기 때문에 T씨에게 목욕은 불가능한 일이었다. 부인 역시 몸 상태가 좋지 않아 욕실에서 생각대로 도울 수가 없어 샤워만 할 뿐이었다.

전문가의 지휘로 실시된 복지용구 도입과 주택 개조로 복도와 출입구 경계선인 단차를 제거하고 복도나 방 벽에 지지할 수 있는 선반을 설치하였다. 욕실에는 샤워의자를 두고 L자형 선반도 설치하였다. 화장실 변기는 7cm 높이고 그 양측 벽에도 손잡이를 붙였다.

그러나 중요한 것은 도입한 복지용구 등을 T씨가 적절히 사용할 수 없으면 복지용구 도입 효과가 없다. 반대로 이전보다 위험해질 수 있다는 것이다. 이 때문에 복지용구 도입 직후 운동지도사 등에 의한 '동작지도'가 필요해졌다.

　복지용구의 도입을 전제로 한 주택개수와 동작지도의 결과, T씨는 10년 만에 혼자 힘으로 화장실을 이용할 수 있게 되었다. 그리고 늘 원했던 욕조에도 들어갈 수 있게 되어 따뜻한 물에 몸을 담그면서 몸을 풀어줄 수 있게 되었다. T씨는 '앞날이 캄캄했던 여생이 밝아졌다'고 크게 기뻐하고 자택에서 생활하는 데 자신감이 생겼다. 부인도 도와야 했던 일들이 줄어들어 자유롭게 외출할 수 있게 되었고 이제까지 축적되었던 스트레스가 없어지고 부부의 대화도 많아졌다.

　이것이야말로 복지용구의 도입에 따른 실제적인 효과이다. 복지용구를 적절히 도입하여 이용자나 그 가족생활을 가능한 한 지원하는 것이 복지용구 서비스의 목적인 것이다.

2. 복지용구 관련 서비스 시 중요한 개념과 기술

1 적합성·모니터링

　복지용구 관련 서비스를 구체적으로 제공할 때 서비스 제공자가 항상 염두에 두어야 할 것이 '적합성(the fit)'이다.

　적합성의 의미는 '이용자에게 복지용구를 맞춘다'라는 뜻으로, 이용자에게 가장 잘 맞는 복지용구를 사용하게 해주어야 한다. 그러기 위해서는 이용자의 생활에 관련된 다양한 개인적 사정을 잘 관찰하고, 더불어 그 여러 가지 배경에 대한 정확하고 신중한 평가가 필요하다. 따라서 복지용구 도입에는 복수의 전문가가 다양한 관점에서 연계하여 서비스를 제공하

Section 8

는 것이 가장 이상적이다.

　복지용구의 도입 후에는 '정말로 어느 복지용구가 좋았는가? 이용자가 만족하였는가?' 하는 서비스 제공자 측의 면밀한 평가가 요구된다. 이렇게 복지용구의 도입 과정은 모니터링[7]에 따른 '복지용구 도입효과 확인'이 중요하며, 모니터링을 하면서 떠오른 새로운 문제점을 근거로 삼아 적합한 복지용구의 도입 과정이 수립될 수 있다.

　복지용구의 도입 목표는 편의성 때문만이 아니라 복지용구를 도입함에 따라 이용자의 효율적인 생활을 지원하는 데 있다. 이 때문에 실시된 주택개수가 이용자의 생활이나 인생에 대하여 어떻게 좋은 영향을 미치는가에 대한 효과를 판정하는 사후적인 검증이 매우 중요하다. 물론 도입된 복지용구가 지도한 바와 같은 적절한 사용법을 채택하고 있는가 여부도 확인해야 한다.

　복지용구 관련 서비스뿐 아니라 케어매니저가 작성한 케어플랜의 효과 측정은 도입된 복지용구에 대한 안전 확인도 포함하기 때문에 이용자에 대한 당연한 서비스이며 케어매니저로서의 기량 향상에 필수적인 작업에 해당한다. 복지용구 전문상담원도 모니터링에 동행하여 도입한 복지용구의 적합(fitting)상태를 확인하여 복지용구의 기술 향상에 기여할 수 있다.

---

7) 모니터링 : 개호보험에서는 케어매니저에 의한 개호계획(케어플랜)에 따라 각종 서비스가 각각의 서비스자에 따라 전개된다. 케어매니저는 스스로가 입안한 계획에 따라 실제 서비스가 제공되고 있는지, 그리고 그 제공되고 있는 서비스 질은 높은지 등에 대해서 이용자를 방문하여 항상 검증할 필요가 있다. 이 작업이 모니터링이다.

2 복지용구 적합 및 도입의 흐름

복지용구 관련 서비스의 각 단계에서 여러 전문가가 공동으로 서비스 제공에 참여하고 있다.

[표 21] 복지용구 적합 및 도입의 흐름

단계	내용	설 명
제1단계	복지용구 도입의 판정	• 이용자에게 복지용구가 필요한지 여부를 판단하는 단계 • 이용자가 복지용구 도입의 필요성을 이해시키는 단계 • 이 단계에서는 간호지원전문가나 사회복지사 등의 코디네이터가 중요한 역할을 수행한다.
제2단계	가장 적합한 복지용구 선정	• 이용자에게 적합한 복지용구를 선정하는 단계 • 케어매니저를 중심으로 복지용구 전문상담원이나 운동치료사, 작업치료사 등이 연대하여 선정
제3단계	개조 및 기능 추가	• 선정된 복지용구에 대하여 작은 개조를 실시하거나 필요한 기능을 추가한다. • 고도의 복지용구 적합을 달성하는 단계 • 복지용구 관련 엔지니어, 전문상담원의 도움이 필요하다.
제4단계	리스크 매니지먼트	• 전문가의 지도하에 이용자나 그 간호사에게 도입한 복지용구의 올바른 사용법을 체득하도록 하는 단계 • 부적절한 사용법은 용구에 있는 기능상실, 간호의 부담가중 및 부상을 가져올 수 있으므로 운동치료사 등에 의해 동작 지도가 반드시 필요하다.

이상과 같이 복지용구 도입에는 다수의 전문가가 개입하는 것이 바람직하다. 우리나라에서도 해당 전문가를 양성하고 있으나 아직까지 경험이 풍부한 전문가는 크게 부족한 현실이다.

3. 복지용구 관련 서비스의 과제

1 서비스 인재 측면의 문제

앞의 표에 제시한 바와 같이 제1단계는 이용자나 그 가족에게 주택환경에 관한 니즈[8]를 납득시킨 후에 복지용구를 도입하는 단계를 밟는 것이 중요하다. 때문에 이 단계에서는 케어매니저나 사회복지사 등의 코디네이터의 관여가 중요하다.

제2단계에서는 몇 종류의 복지용구 중에서 이용자에게 적합한 것을 선정하는 단계가 필요가 있다. 제2단계에서는 케어매니저를 중심으로 복지용구전문상담원이나 운동지도사, 작업치료사 등의 관여가 필요하다.

제3단계에서는 전 단계에서 선정된 복지용구를 개조하거나 기능을 부가하여 적합성을 높이는 것이 바람직하다. 이 단계에서는 복지용구의 엔지니어나 복지용구전문상담원이 그 역할을 담당할 필요가 있다.

제4단계에서는 이학요법사나 간호사 등에 따라 이용자가 복지용구를 정확하게 사용하도록 지도할 필요가 있다.

이상 각 단계에서의 서비스 제공자가 연대하여 각각 전문성을 발휘하는 것이 적절한 복지용구 도입 서비스에서 가장 중요하다. 그러나

---

8) 주택환경에 관한 니즈 : 여기에서 말하는 니즈(needs)란 이용자나 그 가족의 요망을 가미한 후에 케어에 관한 전문가가 이용자에 대하여 검사 및 평가를 실시하면서 추출된 '생활을 지속시키는 것을 저해하는 복수의 문제점'을 말한다.

현재 각 서비스 제공자는 양적으로 충분하기는 하나, 복지용구에 관한 흥미나 지식, 경험을 겸비한 서비스자는 매우 적은 상황이다. 또한 서비스자의 연대를 촉진시키는 시스템도 구축되어 있지 않다.

복지용구 관련 서비스와 관련되는 전문가가 각자의 전문성을 바탕으로 복지용구에 관한 지식이나 경험을 쌓는 일과 병행해서, 제도적으로는 서비스 시 서비스자 간 연대를 충실히 하고자 하는 시스템을 조기에 구축할 필요가 있다.

많은 이용자가 '자택에서 일상의 여러 가지를 할 수 없는 원인은 자신의 신체장해 때문이다.'라고 말한다. 일상에서 주택환경에 불편함을 느끼기는 하지만 그것이 개호부담을 증강시키고 있는 큰 원인 중 하나라는 것을 인지하지 못하는 경우도 많다. 이용자는 주택환경이 스스로에게 악영향을 끼치는 문제임을 인식했더라도 비용부담 측면에서 언급하지 않는 경우도 있다.

이러한 점을 고려하여 복지용구의 도입에 관계하는 서비스자는 검사자료나 평가결과를 근거로 '신체장애보다도 주택에 문제가 있다'는 점을 이해시켜 복지용구 도입이나 주택개수에 관계하는 주택환경 니즈를 이용자나 그 가족을 잘 납득시키는 것이 중요하다.

설명이 부족한 상태에서 복지용구 도입 등을 실시하면 그 후 트러블을 일으키는 경우가 많다. 이용자나 그 가족이 니즈를 깨닫지 못한 상태를 '니즈의 잠재화'라고 한다. 복지용구 관련 서비스에 있어서는 서비스 이전에 이 잠재화된 니즈를 근거를 바탕으로 충분히 납득시킬 필요가 있다.

2 일체화된 서비스 제공

주택개수 서비스에 따라 적절한 주택환경이 마련되면 사용가능한 복지용구 선택지가 많아진다.

예를 들면 주로 입욕 시에 사용하는 샤워캐리[9]라는 복지용구가 있다. 보통 걷거나 자력으로 앉을 수 없는 사람을 자택에서 입욕시키기 위해서는 침대에서 휠체어로 한번에 이동하고 탈의실까지 가서 휠체어에서 목욕의자로 이동시키는 개조가 필요하다. 침실에 돌아가는 것도 고려하면 4회에 걸친 이동 도움이 필요하다. 욕실과 탈의실 간에는 큰 단차가 있는 것이 대부분이고 이동 통로 또한 좁기 때문에, 휠체어로의 이동은 매우 힘든 노동이다. 이러할 때 샤워캐리를 도입하면 침대에서 샤워캐리로 이동시키는 것만으로 끝나며, 단차와 협소한 장소에서의 이동 도움이 불필요해진다.

그러나 이 샤워캐리를 사용하는 데는 침실과 욕실 간에 '단차가 없다'는 조건이 필요하다. 복지용구의 도입을 검토하기 전이나 주택개수 서비스자가 연대하여 주택개수 서비스를 검토한다면 보다 높은 자립이나 보호량을 감소시킬 수 있는 복지용구를 도입할 수 있을 것이다.

그러나 현실에서는 복지용구 도입과 주택개수가 한꺼번에 이루어지는 경우가 적다. 복지용구 도입과 주택개수가 일체적으로 제공되더라도 휠체어를 주로 이용하는 사람의 복도에 손잡이가 붙어 있으면 복도 폭이 좁아져 휠체어 사용에 지장이 있는 경우도 있다. 또 도입된 휠체어 폭이 너무 커져 내륜차가 생기고 복도의 굽은 각도로 내측 내륜이

---

9) 샤워캐리 : 욕실에서 사용하는 샤워의자와 휠체어를 합체시킨 복지용구. 이 복지용구를 이용하면 침실에서 욕실까지 한 번에 이용자를 이동시킬 수 있다.

각 부분에 부딪히거나 자립을 저해하는 경우도 있다. 이런 경우에는 사전에 복도 각 부분을 제거하는 주택개수를 실시하면 크게 문제가 일어나지 않는다.

이와 같이 복지용구의 도입과 주택개수는 끊을 수 없는 관계를 가지고 있다. 따라서 일체적인 서비스로 여러 분야 전문가들이 연대하여 주택개수를 통한 복지용구 서비스를 효과적으로 시행할 수 있으므로 지식과 경험이 있는 서비스 제공자 양성이 요구된다.

3 복지용구 개발

복지용구에 관해서는 많은 기업이 기술 경쟁을 하고 있다. 어느 것은 매력적인 디자인[10]이 되며, 어느 것은 하이테크화[11]되는 등 눈에 띄게 기능이 향상되고 있는 추세이다.

예를 들면 이용자의 생활에 없어서는 안 될 자조구류나 탈착하기 쉬운 의복, 구두 등이 있다. 또 승하차 시 보조하는 장치가 붙은 자동차[12]나 몸을 데워주는 인형도 있다.

전국 각지에서 개최되고 있는 복지용구 전시회는 해를 거듭할수록 그 규모가 커지고 있다. 복지용구는 다양한 상황에 있는 이용자를 지원하는 기기이므로 각 이용자의 생활 스타일이나 가치관에 아울러 다양한 것을 준비할 필요가 있다. 관련 기업은 균형 있는 기기개발과 함께 사용자에게 기기 이용에 대한 최신 정보를 빠르게 전파시켜 잘 알게 해주어야 한다. 또한 기업은 복지용구의 성능향상과 다양한 용도이 복지용구를 만들고 주택 등의 건물이나 디자인의 표준화를 추진할 필요가 있다.

---

10) 매력적인 디자인 : 2004년 일본산업 디자인진흥회에 의한 '2004년도 굿 디자인상'에 처음으로 이동식 화장실이 선정되었다. 화장실의 기본인 배설의 용이성을 추구한 결과이다.
11) 하이테크화 : 침대나 휠체어, 리프터 등, 여러 가지 복지용구가 고기능화되고 있다. 예를 들면 상기와 마찬가지로 이동식 화장실을 예로 들면 난방변좌는 리모콘, 부저, 강력탈취장치, 청결 플라스틱 등, 다양한 장비로 되어 있다. 그중에서도 강력탈취장치에서는 변좌하부에서 들이마신 공기를 전기의 힘으로 분해하여 침실에서 이용하여도 전혀 냄새가 나지 않는다.
12) 승하차를 보조하는 장치 등이 붙은 자동차 : 좌석이 차에서 떨어져 휠체어 등으로 승하차를 돕는 장치가 붙어 있다. 얼마 전까지는 보통 승용차에 장착된 것이 최근에는 최신식 스포츠카에도 장착할 수 있게 되었다.

베터 에이징(better aging) 관련 서비스

Section 9

Section 9

'베터 에이징 관련 서비스'는 고령자의 건강유지나 생활에 관한 재화나 서비스 전반을 뜻한다. 인생 80년 시대를 맞이한 시점에서 '제3의 인생'이라고도 할 수 있는 고령기를 풍요롭게 보내는 것이 생활의 기본이라는 의미에서 '베터 에이징 관련 서비스'는 중요한 의의를 갖는다.

이러한 서비스는 고령자와 다른 니즈에 대하여 적절한 상품을 제공하고, 나아가 그 가치를 높일 수 있는지, 또 공적 서비스로서 실시되고 있는 각종 사업과의 차별화나 연대하는 파트너십을 어떻게 형성하고 있는 것인가 등이 주요 과제가 될 것이다.

1. 베터 에이징 관련 서비스의 의의

1 베터 에이징 관련 서비스란?

'베터 에이징 관련 서비스'는 건강·삶과 관련된 서비스와 동의어로서 건강 상태에 맞춘 프로그램 제공, 고령자에게 맞는 건강 관련 시설 제공, 고령자의 여가활동이나 삶의 니즈에 부응하는 문화교실, 간호사의 동행이나 여행 등을 가리킨다.

이 서비스는 그 내용에서도 알 수 있듯이 주로 건강한 고령자를 대상으로 한다고 할 수 있다. 고령자 5명 중 3명이 건강하다고 본다면, 인생 80년 시대를 맞이한 오늘날 '제3의 인생'이라고도 할 수 있는 고령기의 생활을 건강하고 안심하며 활력 있는 삶을 위한 서비스가 요구되고 있는 실정이다.

그러나 고령자가 대체적으로 건강하다는 것과, 여가에 드는 시간적·경제적 부담은 같은 차원의 것이 아니다. 또한 사람들의 여가에 드는 시간, 여가에 관한 지출의 변화도 연령대별로 큰 차이를 보인다. 고령자에게 맞는 건강·삶의 질 관련 서비스도 같은 흐름에 따라 생각할 수 있을 것이다.

2 서비스의 필요도와 만족도

일본의 실버 서비스 진흥회가 1995년 3월에 실시한 '실버 서비스의 인지 및 이용 상황조사'를 살펴보자. 조사에 의하면 전국 40세 이상의 남녀 3000명에 대하여 17개 분야에 걸친 실버 서비스의 현재 필요도를 물어본 결과, 필요도가 높은 분야로서 고령자를 위한 출판물, 교육·교양, 여행의 각 서비스가 상위 3위를 차지하고 있어, 이러한 분야의 서비스에 대한 수요가 확실히 존재하고 있음을 보여주고 있다.

또한 조사에서는 이미 서비스를 이용하고 있는 자에게 서비스에 대하여 만족도를 추출해 보았는데, 거기에는 노인맨션이나 유료노인홈과 같은 주거시설과 함께 건강증진·스포츠, 여행, 교육·교양 각 서비스에 대하여 '매우 만족'이라 답한 사람이 40%를 넘어서고 있어서 관련 서비스가 이용자로부터 높은 평가를 얻고 있음을 알 수 있다.

우리나라에서도 은퇴 후 가장 하고 싶은 일을 조사해 보면 관광부분이 노인들의 잠재 수요 1위로 조사되었다(HSBC, 은퇴의 미래, 2006). 노년층의 국내외 관광 참가율은 과거에 비해 크게 높아지고 있고 앞으로도 계속 높아질 것이다. 잠재 수요의 항목들로는 여유시간 만끽, 가족·친구와 친목도모, 새로운 취미활동, 자원봉사, 소비생활, 새로운 일순으로 조사되었다.

이와 같이 베터 에이징 관련 서비스는 민간사업자의 창의연구에 따른 다양한 메뉴개발에 따라 고령기의 여생을 지지하고 심신에 과도한 부담을 주지 않고 정신적인 만족감을 주는 등, 고령자 층에 있어 인생을 풍요롭게 보내는 데 중요한 의의를 지닌다.

2. 베터 에이징 관련 서비스의 과제

1 건강 관련과 여행의 금후

먼저 건강증진 관련 서비스에서는 공적 시설의 정비도 진행되고 있는데 민간사업자는 이 같은 추세를 다양한 서비스를 상대적으로 저렴하게 제공하는 경쟁상대로 재인식하는 계기로 삼는 태도가 필요하다. 공적 시설을 민간사업자에게 위탁 운영하는 방식으로 피트니스 클럽이 출현하는 경우도 충분히 예상될 수 있기 때문에, 민간사업자로서는 이용자·고객관리 시스템·운영 시스템, 고객만족도 조사에 의한 프로그램 평가나 개선 시스템을 구축하는 것이 중요하다.

건강증진 관련 서비스를 제공하는 민간사업자는 건강에 대한 관심이 높아진 현실에서 메디컬 체크와 같은 의료 부문과의 연대를 통해서 수익성만이 아니라 공익성도 지향할 수 있어야 한다. 식사요법과 피트니스를 국민의 건강증진과 성인병 예방이라는 관점에서 접근해야 하는 이치와 같다. 따라서 건강증진 관련 서비스는 실버세대의 서비스 이용자만이 아니라 중·장년층을 대상으로 한 공익성을 띠고 있는 셈이다.

2 서비스의 인지도 향상

이 분야의 서비스는 대상자의 니즈를 정량적으로 파악하기 어렵고 시대의 분위기를 앞서 분석하여 니즈를 먼저 파악해야 한다는 것이 어려운 점이다. 서비스의 인지도 조사에서는 서비스의 필요도가 다른 실버 서비스에 비해 높다는 조사결과가 나오고 있으나, 서비스의 실제 이용도는 그렇지 않은 것이 현실이다.

따라서 사업의 활성화를 위해서는 서비스의 인지도를 높이고 고령자 니즈를 항상 정확히 파악하여 PR·정보제공 활동을 보다 효과적이고 지속적으로 실시해야 한다. 고령자의 연령·경제·신체상황 등의 계층이나 카테고리에 따라 니즈가 크게 다르기 때문에 서비스 수준의 인정이 곤란한 점도 각 사업자를 혼란시키는 문제이다. 예를 들면 지방자치체 등에 의한 삶의 질 관련 사업(시민 교양강좌나 시민 스포츠교실 등)과의 차별화를 도모하는 관점에서도 서비스에 걸맞은 요금체계를 수립해 나가는 것이 과제이다.

3 주민참가형

노동환경의 관점에서 보면 직장은 퇴직자의 정년을 앞당겨 배출하는 경향을 보여주기도 하지만, 베이비붐 세대가 은퇴하기 시작하는 2000년대 후반부터는 60대 남성들이 지역사회로 돌아오고 있다. 건강하고 활력 있는 고령자는 특히 지역사회에서 생활하고 있다. 새로운 친구나 동료관계도 직장이나 학교에서 인근 지역사회로 옮겨오고 있다. 이러한 상황에서 지역주민이 중심이 되어 영리추구만을 목적으로 하지 않는 커뮤니티 비즈니스를 시행하는 단체 등이 많이 생겨나고 있다. 앞으로 은퇴한 고령자가 스스로 설립하여 운영할 수 있는 커뮤니티 비즈니스가 크게 늘어날 것으로 예상된다.

커뮤니티 비즈니스의 설립 목적은 여러 가지가 있을 수 있다. 건강유지에 관한 분야나 스포츠 자원봉사, 고령자 끼리나 다세대에 걸친 생활·취미활동사업 등에 프로그램이나 조직 구성 등이 고려될 수 있다. 커뮤니티 비즈니스 특정한 업종·업계의 사업자만의 노력에 달린 문제가 아니라, 지방자치체를 비롯하여 지역주민을 중심으로 웰빙에 대한 자발적이고 자각적인 집단 활동을 기대할 수 있다.

4 인재의 육성

다른 분야와 마찬가지로 서비스를 직접 제공하는 인력을 지속적으로 충원하기 위해서는 인재육성 문제가 특히 중요하다. 실버 서비스 분야는 서비스를 직접 제공하여 이용자 정신활동에 관계된 요소가 커서 삶의 질을 향상시키는 문제와 직결된다. 그러므로 인적 자원인 소프트웨어의 문제는 서비스를 제공하는 프로그램 자체의 충실도를 높이는 것과 같은 중요성을 띤다.

고령자가 보다 건강하고 유쾌한 생활을 보내는 것은 의료나 보호 측면에서 보아도 경제적 부담의 감소로 이어진다는 점에서 매우 중요하다. 이를 위해서는 건강조성의 중요함에 대한 각 개인의 인지와 이해, 개개인의 참가동기 유지, 지역 내에 새로운 동료를 형성할 수 있는 장 마련이나 정보교환 시스템 구축, 거기에서의 개인별 프로그램 제공·실시 등을 위하여, 공적 기관과 민간기업이 좋은 파트너가 되어 진행해 나가는 것이 절실하게 요구된다.

Section 10

실버 서비스산업과 노인복지

1. 한국의 노인복지 서비스

노인복지 서비스란, 넓게는 노인복지를 목적으로 하는 사업 또는 서비스라고 볼 수 있으며, 좁게는 노인복지의 제반 급여영역 중 소득, 의료, 주택에 관련된 급여를 제외한 시설 및 재가보호에 관련된 비물질적이고 비가시적인 도움을 가리키는 개념으로 볼 수 있다. 노인복지 서비스는 노인들을 단순히 빈민으로 보고 생활소득이나 생활용품을 '나누어주는 복지'로 끝나는 것이 아니고 노인들이 더욱 자립적이고 창의적인 삶을 영위하도록 다양한 지원을 요구한다는 점에서 사회적인 의미가 있다.

1 한국의 노인복지법 및 노인복지 프로그램 발전 과정

① 노인복지법 제정(1981) 이전

노인복지 증진을 위한 제도의 마련 없이 극빈 노인층 중심으로 단순 생활 시설의 수용 및 보호에 국한되었다. 즉 일반 노인에 대한 정책적

배려는 없었으며, 생활보호법에 의한 거택보호와 시설 보호 서비스를 통하여 극빈 노인들의 생계를 보호하고, 별도의 의료보호법에 의해 의료 보호지정 의료기관에 입원시켜 보호하는 수준에 머물렀다.

② 노인복지법 제정(1981)

노인복지법 제정과 함께 단순한 생계보호의 차원에서 벗어나 여가문제, 소득문제, 건강문제 등을 보다 체계적으로 대처할 수 있는 계기를 마련했다고 볼 수 있다. 노인복지법 제정과 함께 양로사업과, 요양사업이 점차 구분되기 시작하여 노인요양 시설의 도입 및 확대가 이루어졌으며, 재가 노인을 위한 서비스 프로그램을 통한 가정봉사원 서비스가 민간차원으로 확대된 것은 1987년도에 이르러서였다.

③ 노인복지법 개정(1989)

1980년대 후반은 다양한 형태의 프로그램이 전개되기 시작한 시기이다. 생활양식의 변화로 자녀와 동거하는 노인의 비중이 점차 낮아지고 독거노인 또는 노부부만의 가구가 늘어나면서 노인 부양에 대한 사회화의식이 보편화되기 시작하였으며 정부의 예산지원을 통해 민간차원의 가정봉사원 서비스가 제공되었다.

④ 노인복지법의 재개정(1993)

기존에 시행되고 있었던 가정봉사원 서비스 외에도 주간보호 서비스와 단기보호 서비스가 도입되었으며 장기요양 보호 서비스 중심의 요양시설이 확대되었다.

⑤ 노인복지법의 전면 개정(1997)

장기요양 보호 서비스의 유형이 갖추어져 각종 서비스가 확대 제공되기 시작한 시기이다. 노인복지시설의 유형은 크게 주거 복지시설, 의료 복지시설, 재가 노인복지 시설 및 여가

복지시설로 구분되었다. 이 중에서 의료 복지시설은 장기요양 보호시설로 편입되었다. 장기요약 보호 서비스는 입소자의 소득수준에 따라 무료, 실비 및 유료시설로 구분하고, 입소자의 건강 및 질병상태에 따라 일반 요양, 전문 요양 및 전문 병원으로 구분하여 서비스가 제공되었고, 수적으로도 크게 확대되었다.

⑥ 노인복지법의 일부 개정(2000) 이후

21세기 고령사회를 대비한 노인복지 발전 계획이 시도되는 시기이다. 노인복지를 담당할 중앙부처 행정조직도 확대 및 신설되었다. 노인복지를 위한 중앙부처 차원의 예산도 꾸준히 증가 추세를 보였다. 그리하여 요양시설이 늘어나고, 가정봉사원 파견사업, 방문간호사업, 주간보호시설과 같은 재가 복지 서비스가 확대 실시되고 있다. 정보화 사회에 진입하면서 노인들이 컴퓨터, 인터넷 교육, 스포츠댄스, 전통악기연주와 같은 취미활동을 통하여 능력을 개발하고 사회참여를 할 수 있도록 다양한 프로그램들이 제공되었으며 이와 관련된 시설들이 지속적으로 확대되고 있다.

⑦ 시니어클럽 설립(2001)

전국적으로 지역사회 시니어클럽이 설립되기 시작하였으며 노인들이 스스로의 경제 활동을 통한 소득 창출의 기회가 제공되고 지역사회를 위한 자원봉사활동을 할 수 있도록 지원이 이루어지고 있다.

한국의 노인복지 제도는 소득 보장제도, 노인 보건제도, 노인 주택 보장제도 및 노인복지 서비스 제도로 세분하고 있다(이인수, 2006 발췌 인용).

2 소득 보장제도

1 연금제도
60세가 되었을 때부터 사망 시까지 매년 일정액을 지급받는 노령연금 제도이다.

2 국민기초생활보장제도
2000년 10월 1일부터 시행된 국민기초생활보장법은 절대 빈곤층의 기초생활을 국가가 보장하되, 종합적 자립자활 서비스 제공으로 생산적 복지를 구현하는 데 의의가 있다. 2003년도부터는 소득 인정액이 최저생계비 이하인 모든 가구에 대하여 생계비를 지급하고 있다.

3 경로연금제도
경제적 어려움을 겪고 있는 노인들에게 실질적인 소득 보장의 혜택을 부여함으로써 노후생활 안정을 도모하는 데 목적이 있다. 연령상의 이유로 국민연금의 혜택을 받지 못하는 노인들에게 연금혜택을 부여하기 위해 1998년 최초로 시행되었다.

4 고용촉진제도
노인복지법 제23조와 1992년부터 실시된 고령자고용촉진법에 의하여 노인취업알선센터, 대한노인회 산하 60개소 이상의 노인능력은행, 노인복지시설 부설 노인공동작업 등의 운영을 통하여 노인의 취업을 알선하고 있다. 특히 300인 이상의 사업장에 대하여 55세 이상의 자를 3% 이상 고용하도록 권장하고 있으나 강제규정이 아니므로 법적 구속력은 약하다.

# 3 노인보건제도

1) 건강관리 지원

공적 부조로서 국민의 의료비용을 국가나 지방자치 단체에서 지불하는 것을 의미한다. 노인들의 경우 질환이 만성퇴행성으로 발전되는 것이 일반적이어서 여타 연령층에 비해 의료수요가 높지만 소득기반이 취약하여 특별한 의료보장이 요구된다.

2) 노인요양보험제도 추진

정부는 2003년 4월 공적 노인 요양 보장체계의 도입을 발표하였고, 2004년 2월에는 '공적 노인요양보장추진기획단'이 출범하여 공적 노인요양보장체계에 관한 최종보고서를 발표하여 새로운 제도의 도입에 따른 기본적인 골격안을 제시하였다. 2004년 노인요양보장체계 시안이 발표되어 새로운 체제가 수립되었는데 이는 일본의 개호보험제도와 유사한 사회보험방식의 '노인요양보험제도'라는 명칭으로 노인장기요양보장 시스템이 새로 마련되었다.

2002년 7월에 발표된 '노인보건복지 종합대책'이라는 보고서에 따르면, 건강하고 활력 있는 노후생활을 노인보건복지의 기본목표로 설정하고, 이 목표를 달성하기 위한 정책으로서 노인소득보장 및 고용촉진, 노인건강보장, 교육·문화 및 여가기회 확대, 실버산업 활성화, 노인보건복지 추진체계의 구축 등 5개 분야의 57개 과제를 선정하여 2003년부터 2007년까지의 추진계획을 제시하였다.

[표 22] 노인요양보험제도 시안과 개호보험제도의 주요내용 비교

구 분	한 국	일 본
제도 명칭	노인요양보험제도	개호보험제도(2000년 4월 실시)
기본 이념	제시되어 있지 않음	자립 생활 지원
기본 목표	• 보편적인 체계 구축 • 이용자 중심의 서비스 체계 • 다양한 서비스 공급주체의 참여 • 사회적 연대를 통한 요양보호 비용의 확보 • 가정 및 재가 복지 중시 • 케어 매니지먼트 시스템 구축	• 이용자중심의 서비스 선택 • 서비스의 통합화 • 서비스 공급주체의 다원화 • 재가 서비스 중시 • 사회적 입원 해소를 통한 의료비 억제
보험자	건강보험공단	시정촌(市·町·村) 및 특별구(동경도 23구)
피보험자 (가입자)	전 국민(건강보험가입자) : 건강보험료와 일괄징수	• 40~65세 : 의료보험가입자(의료보험과 함께 징수) • 65세 이상 : 연금에서 원천징수

4 노인주택 보장

　개인 자신의 독립성을 유지하면서 안전하고, 안락한 일상생활의 공간을 확보하고 유지할 수 있도록 주택의 건설과 공급, 그리고 이와 관련된 서비스를 통하여 지원해주는 제도를 의미한다. 현행의 노인주택 보장 제도의 취지는 재가 목적 주택의 보장과 수용 목적 주택의 보장에 있다. 재가 목적 주택 보장은 노인용 주택공급과 세제·금융 혜택 등을 목적으로 하고 실비노인복지주택, 유료노인복지주택, 노인의 집, 주택상속세 등이 여기에 속한다. 또한 수용 목적 주택보장은 수용보호인 입소를 목적으로 하는 양로시설과 요양시설 등이 속한다.

5 노인복지 서비스의 유형과 구체적 프로그램

① 개인의 심리적 및 사회적 적응 문제의 해결, 일상생활의 구체적 도움 및 재활 서비스 제공을 통한 당면문제해결 서비스

② 개인의 사회화와 발달적 욕구 충족을 도모하기 위한 발달욕구 충족 서비스

③ 사회복지의 제반 서비스에 대한 접근, 안내 및 조언기능을 수행하는 접근 및 안내 서비스

[표 23] 노인복지 서비스의 유형과 구체적 프로그램

서비스 유형	구체적 프로그램
당면 문제 해결 서비스	가족·개별 상담 서비스, 수용보호 서비스, 주간보호 서비스, 단기체류보호 서비스, 가정봉사원 서비스, 식사배달 서비스, 전화 방문·확인 서비스, 결연 서비스, 우애방문 서비스, 목욕 서비스, 미용 서비스, 노인부업실 서비스, 취업알선 서비스, 무료진단 서비스, 물리치료 서비스, 단체급식 서비스
발달 욕구 충족 서비스	노인정·노인클럽 조직 서비스, 노인회관(다목적 센타) 서비스, 노인교육(노인학교) 서비스, 자원봉사참여활동 서비스, 집단활동 조직 및 참여 서비스, 자조집단 조직 서비스, 노인휴양시설 서비스, 개인취미활동 지도 서비스, 체조·운동지도 서비스, 한글·산수지도 서비스, 노인관광·야유회 서비스, 경로잔치 서비스, 종교활동지원 서비스
접근 및 안내 서비스	노인복지 서비스 안내 및 의뢰 서비스, 법률상담 서비스, 대변(변호) 서비스, 교통편의 서비스

— 최성재, 1990

우리나라의 실버 서비스산업은 아직 초창기 단계이므로 제품의 라이프사이클상에서 도입이나 성장기에 있는 사업이 많고 성숙기와 쇠퇴기 사업은 거의 없다. 시장 규모와 성장성을 가진 서비스 분야로는 보험, 자산관리 서비스, 여행, 정보 서비스 및 시설 장기요양 서비스 등이 있다.

의료·요양 서비스는 치매, 중풍 등으로 전문적인 요양 보호를 필요로 하는 노인이 증가함에 따라 2003년 59만 명에서 2010년에는 79만 명, 2020년이면 114만 명에 이를 것이라고 전문가들은 추정한다. 현재 의료기관의 가정간호사업, 보건소의 방문간호 사업이 시행되고 있지만 독립형 민간 가정간호사업은 시행되지 않고 있다. 정부는 2008년부터 노인수발 보험제도를 전면 시행하고 있다. 일본에서는 재가 요양 서비스에 대한 민간 참여가 크게 늘어 방문간호사업의 80% 이상을 차지하고 있다.

시설 요양 서비스도 점차 활기를 띠고 있다. '너싱홈(nursing home)'으로 불리는 민간 노인 전문시설은 광주시 관내서만 7~8곳이 운영 중이며 건립 중인 곳도 7~8곳에 이른다. 이곳에서는 정기적인 촉탁의사의 방문 진료와 전문 간호사의 간호를 통해 건강점검, 투약보조, 상처치료 등 질병관리를 24시간 체계적으로 한다. 거동이 불편한 노인의 식사 보조와 목욕, 배변 등 위생관리는 물론 말벗까지 해준다. 가족들에게도 수시로 이메일을 보내 입소 가족의 근황을 전하는 등 가족 상담 서비스를 제공한다.

2. 외국의 노인복지 서비스

국내의 노인복지 프로그램을 미국과 일본의 노인복지센터 및 운영프로그램과 비교해 보기로 한다. 미국과 일본의 경우 인구구조상 고령화가 일찍 진행되었고, 그동안 시행착오를 극복하면서 비교적 안정된 노인복지 시책이 추진되고 있기 때문이다. 또한 복지 시설, 서비스 운영면에서 우리나라보다 상대적으로 조직적이고 체계적으로 운영되고 있음은 물론 프로그램 운영측면에서도 노인들을 위한 다양한 프로그램이 개발, 운영되고 있기 때문이다. 이제 우리나라도 향후 고령사회를 대비하여 선진국들의 제도가 가진 민주적이고 인본주의적인 정책 형성과정과 이를 수용하고 뒷받침하는 '정책에 민간이 의욕적으로 참여할 수 있도록 해야 한다. 정부는 민간기업을 유도하기 위해서라도 선진국들의 노인복지제도에 대한 전략적인 연구가 더욱 절실하다.

1 미국

미국의 실버 서비스는 제2차 세계대전 후 고도경제성장을 맞아 라이프스타일의 변화로 눈부신 부유층 고령자를 대상으로, 먼저 1950년대 중반 시행되었다.

그러나 오늘날과 같은 노인복지정책의 본격적인 검토가 시작된 것은

1960년대이다. 미국에서는 1965년에 노인복지법이 제정되어 건강교육복지부 내에 노인복지국을 설치하였으며 Medicare와 Medicaid라는 의료제도가 만들어졌다. 그 후 미국의 복지정책은 시설 서비스에서 주택 서비스로, 이행하면서 그와 함께 민간복지를 활성화하는 방향으로 전환하여 실버 서비스를 적극적으로 장려하게 되었다.

노인복지법의 주된 목적은 연방정부의 협력과 지방 주 정부의 책임하에 고령자가 포괄적인 사회 서비스를 균등하게 받을 기회를 보장하는 데 있다. 기본적으로는 고령자의 심신건강, 주택시설, 진료를 필요로 하는 자에 대한 종합 서비스, 연령차별이 없는 고용기회, 의미 있는 활동, 생활설계, 관리의 자기결정 등의 목적달성을 위해 재정원조를 하고 있다. 구체적인 프로그램으로는 다목적 고령자 센터, 고령자를 위한 영양 프로그램, 고령자를 위한 지역 서비스 인력 고용, 노인복지의 교육훈련, 조사연구, 보급 활동이 있고, 이것을 실행하기 위해서 연방 정부는 다양한 정보를 제공하고 재정을 원조하고 있다.

1) 노인복지 프로그램의 담당기관

미국 노인법(Old American Act, OAA)은 연방 및 지방 주 정부의 협조로 고령자들이 포괄적인 사회 서비스를 균등하게 받을 기회를 법적으로 보장하는 근거이다. 이 법은 1956년 제정된 후 9차례 개정되면서 지역사회의 노인 계층에 대한 복지 서비스를 효율적으로 제공하고 있다.

1965년 보건교육복지부 산하에 설치된 노인청은 노인 문제에 관한 정보교환, 노인문제에 관련된 제 문제에 있어서 HEW(Health Education Welfare)와의 협력, 보조금 운영, 조사연구와 프로그램 개발, 기술조력과 상담, 기존자원과 서비스의 효율적인 이용 등을 관장하고 있다.

2) 미국 노인센터의 현황

미국의 노인센터(Senior center)는 지역사회에서도 중심적인 역할을 담당하고 있다. 미국의 노인들은 개인적·집단적 서비스 활동에 참가하여 자존감을 높이고 독립심을 키우며 지역사회에 함께 참여한다. 겔판드(Gelfand, 1993)에 의하면, 지역사회에 거주하는 미국 노인들에게 가장 다양한 서비스를 제공하고 있는 노인센터는 다음과 같이 정의한다. 그는 "노년을 위한 지역사회의 거점으로서 노인들의 존엄성을 높이고, 독립성을 지원하며, 지역사회의 개입을 증진하는 서비스와 활동을 하기 위해서 노인들이 개인적으로 또는 집단적으로 모이는 곳"이라고 정의하면서 주로 지역사회에서 지원받고 운영되는 기관으로 간주하고 있다.

미국 사회에서 노인센터가 가장 확장된 시기는 1965년 이후이다. 그 전까지는 소규모의 노인 클럽이 가장 보편화된 사회적 조직이었다. 1970년에는 1200개소에 불과했던 노인센터는 1985년에는 10,000개소로 확장되었다. 1989년에는 다목적노인센터가 73.9%, 노인센터가 13.5%, 영양센터가 10.2%, 기타 2.4%로 조사되었다(John A. Krout,, op. cit., pp.30~31). 이와 같이 미국의 노인센터는 시설을 갖춘 다목적노인센터에서 다양한 서비스와 프로그램을 제공하는 체제로 변천해 왔다.

3) 다목적노인센터 프로그램의 현황

미국 다목적노인센터는 매우 다양한 프로그램을 노인들에게 제공하고 있는데 크게 서비스 프로그램과 활동 프로그램으로 나눠 살펴볼 수 있다.

(1) 서비스 프로그램

　서비스 프로그램은 노인들에게 가장 기본적인 사회보장을 위한 프로그램이다. 여기에는 건강 서비스, 영양 서비스, 가정 서비스, 특별보호 서비스, 정보 및 상담 서비스, 교통수단제공 서비스 등이 포함된다. 건강 서비스는 건강검진, 투약 서비스, 치과 발 청각 언어교정 등과 같은 특별 서비스, 건강교육 프로그램 등으로 구성되어 있다. 이러한 프로그램은 지역사회의 보건, 의료 관련 기관이나 인력과 함께 연계하여 실시되고 있다. 영양 서비스는 영양 프로그램을 통해서 실시되는 노인 서비스로서 특히 노인센터가 발전하는 과정에서 중요한 프로그램의 역할을 하였다.

(2) 활동 프로그램

　활동 프로그램은 여가 교육프로그램으로서, 교육 및 문화 활동, 지도자의 기회부여, 레크리에이션, 기금모음 등으로 구분된다. 특히 교육 및 문화 활동 프로그램은 참여자 스스로 그들의 흥미를 찾아내고, 전문가의 지원을 받아 프로그램을 계획하게 되는데, 프로그램의 내용은 수공예, 과학과 야외생활, 연극, 음악, 춤, 특별사회활동, 문예활동, 소풍, 취미활동, 영화감상, 강연회, 토론회 등으로 구성되어 있다.

(3) 노인 인력 재활용 프로그램

　미국은 노인고용정책을 노인들의 소득보장에 중점을 두기보다는 사회참여 프로그램의 개발을 통해서 그들에게 삶의 보람을 부여한다는 측면에서 중시하고 있다. 이러한 관점에서 미국은 노인인력의 활용에 대한 지대한 관심을 가지고 개발을 서두르고 있다. 미국의 노인 인력 활용 프로그램은 미연방정부가 주도하거나 민간사회복지기관에서 실행하는데 그 종류가 매우 다양하다. 고령자의 취업이나 고령 인력을 사회적으로 활용하는 제도를 개발하는 까닭은 노인들의 취업을 높이는 데 기여할 뿐만 아니라 이를 통해서 고령자들의 소외의식과 고독을 감소시키고 삶의 보람과 사회참여의 욕구를 충족시켜 주기 때문이다. 미국의 노인인력 재활용 프로그램의 방향은 크게 취업 프로그램과 여가 활동 프로그램으로 나누어진다.

① 취업 프로그램

　노인 취업 프로그램에는 직업훈련 협력법(Job Training Partnership Act), 고령자 지역사회 서비스 고용프로그램(Senior Community Service Employment Program), 노인청(Administration on Aging)에서 제공하는 프로그램이 있다. '직업훈련협력법'은 55세 이상의 실직자나 저소득층 노령 근로자에게 일부 생활비를 지급하고 직업 훈련을 시킨 다음 적당한 직장에 배치시키는 것을 내용으로 하고 있다. 고령자 지역사회 서비스 고용프로그램은 빈곤선의 125% 이하의 저소득층 고령자에게 직업훈련과 현장훈련을 시켜 지역사회의 봉사활동에 취업할 수 있게 도와주는 프로그램으로서 연방정부에서 정한 최저임금 이상을 받으며 건강진단, 개인상담, 기술훈련, 취업알선 등의 서비스도 받을 수 있는 제도이다(허춘강, 1997).

② 여가 활동 프로그램

　여가 활동 프로그램으로는 퇴직노인 자원봉사 프로그램(retired and senior volunteer program : RSVP), 양조부모 프로그램(Forster Grand Parents Program), 퇴직자 경영인 봉사단(Service Corps of Retired Executive), 노인 동반자 프로그램(Senior Aides Program) 등이 있다.

4) 노인복지 서비스 프로그램 실태

　노인복지 서비스는 노인의 일반적이고 발전적인 욕구를 충족시키고,

일시적 또는 지속적인 적응의 문제를 해결할 수 있게 지원하고 노인이 적절한 서비스에 접근할 수 있도록 지원하며 노인이 법률적·사회적으로 정당한 지위를 유지할 수 있도록 지원하는 제반 프로그램을 포함한다.

[표 24] 미국 다목적 노인센터의 프로그램의 구성

구 분		서비스 내용
이용자서비스	건강 서비스	혈압, 헤모글로빈, 체중검사, 신장검사, 건강문의, 시력검사, 뇨검사, 콜레스테롤, Colo-직장검사
	영양 서비스	영양교육, 급식, 가정식사 배달
	가정 서비스	공공주택, 가정방문, 가정건강원조, 주택유지, 마당정리, 가정봉사
	특별보호 서비스	주간보호, 수양부모보호, 우애방문, 장애프로그램, 노인병주간보호, 보호 서비스
	정보 및 상담	공공지원프로그램, 사회보호, 의료보장, 직업훈련 및 소개 난방지원, Foods Stamps, 주택정보, 소비정보, 범죄보호, 법률조언, 다른 사회지원
	교통수단 제공	호위 서비스, 미니버스 서비스, 공공수송, 장거리 수송
활동프로그램	교육과 문화 활동	건강교육, 소비교육, 연기교육, 미술 및 공예, 문예활동, 강연, 컴퓨터, 도서관, 시사해설, 토론그룹, 독서그룹, 소풍, 지역 행사, 여행 소개, 음악연주, 댄스
	지도자 기회	조언연습, 정부참여, 프로그램 및 위원회 지도자, 지원주의(volunteerism)
	레크리에이션	게임(카드, 도미노, 빙고, 풀, 원반치기, 편자던지기, 볼링, 당구, 골프), 운동 프로그램(에어로빅, 워킹클럽, 수영), 미술, 공예, 라운지 프로그램파티와 축제, 여행
	기금 모음	비스켓 판매, 식당, 공예 상점 및 판매, 고물 수집 및 판매, 바자회 조반

― Donald E. Arwood, A system analysis of senior center structures, environments and impacts (South Dakota State University, Degree of Doctor, 1989)

미국에서 노인들의 복지 증진을 위해 운영되고 있는 시설들 중의 하나로 다목적 노인 서비스센터(multipurpose senior center)를 꼽을 수 있다. 다목적 노인 서비스센터는 다양한 프로그램의 제공을 통하여 일반 노인들의 욕구를 충족시킬 수 있는 가장 유용한 시설이다. 미국에는 1994년 현재 14,000여 개의 다목적 노인 서비스센터가 있으며 이곳을 이용하는 노인들은 약 5백만 명에 이른다. 다목적 노인 서비스센터를 이용하는 노인들의 비율은 65세 이상 노인의 약 17%에 해당한다. 이는 미국에서 시행되는 다른 종류의 노인복지 서비스와 비교해볼 때 상당히 높은 참여율이라고 할 수 있다.

다목적 노인센터가 갖는 프로그램의 다양성은 노인 서비스센터에 대한 정의에서 잘 나타나고 있다. 노인 서비스센터는 노인복지 증진을 도모하기 위한 지역사회의 중심기관으로서 노인 개개인이나 또는 노인 집단이 함께 참여하여 다양한 활동을 하고 또한 적절한 서비스를 제공받음으로써 노인의 존엄성을 유지하고 노인의 자립을 지원하며 지역사회 내에서 노인의 역할 정립 및 지역사회에의 통합을 강화시키는 서비스와 활동을 제공한다(national council on the aging, 1978).

그러나 다목적 노인센터의 성공 여부는 제공되는 서비스의 다양성뿐만 아니라 제공되는 프로그램에 대한 노인들의 참여 여부에 달려 있다. 따라서 노인들은 프로그램을 선택하고 어떻게 참여하는지에 대한 구체적인 활동 방법도 자발적으로 선택할 수 있다. 이와 같이 미국의 노인들은 개인의 독립성을 유지하면서 다양한 활동에 참여하여 다른 사람들과 상호작용하며 지역사회에 참여한다.

미국의 노인서비스센터에서 실시하고 있는 프로그램은 기본적으로 두 가지 유형으로 구분할 수 있다.

(1) 레크리에이션 교육의 실시

레크리에이션 교육은 미국의 노인서비스센터의 중심적인 요소이자 센터의 보편적인 프로그램이라고 할 수 있다. 노인서비스센터에서 제공되는 각 프로그램들은 서비스 제공과 관련한 센터의 이념과 목표에 따라 정해지며, 지역사회의 활용 가능한 자원의 유무와 노인들의 관심영역에 따라 한층 다양해질 수 있다. 보편적으로 제공되는 프로그램 또는 활동들로는 미술, 공예, 자연관찰, 과학, 실외활동, 드라마, 신체활동, 음악, 춤, 게임, 특별활동, 문예활동, 여행, 취미활동, 특별한 집단 활동, 강연, 학습, 영화, 포럼, 원탁토론회 등이 있다. 또한 여기에는 지역사회를 위한 서비스 프로젝트 등도 포함된다.

(2) 노인의 활동, 욕구 충족에 적합한 서비스 프로그램

적절한 서비스의 제공 역시 성공적인 노인센터 운영을 위한 또 하나의 필수적인 요소이다. 노인서비스센터에서는 노인이 주체가 되는 노인에 의한 활동과 노인의 욕구 충족을 위한 다양한 서비스가 동시에 이루어진다. 예를 들어 원예교육, 치과검진, 스퀘어 댄스 수업 등이 모두 한 공간에서 이루어진다. 이러한 센터 운영의 실용적 측면은 노인서비스센터가 지역사회의 노인복지 증진을 위한 필수적인 시설로 자리매김하는 데 중요한 역할을 한다.

노인서비스센터에서 지역사회의 노인들을 위해 제공되는 서비스는 다음과 같이 여러 유형이다.

① 정보, 상담 및 의뢰 서비스 : 노인에게 일반적으로 필요한 정보의 제공, 서비스 대상 노인의 접수 및 등록, 개별상담, 구직자 등록, 특정 문제에 대한 단체 교육 등을 실시한다.
② 주거 및 생활환경 조정, 취업 서비스로서 노인이 적합한 주거환경을 갖도록 도움을 제공하고 취업 의뢰 및 구직 관련 상담, 직업 재훈련 등의 서비스를 포함한다.
③ 건강프로그램 : 지역의 건강 관련 전문직들의 협조를 통하여 질병 분야별로 지역사회의 의료 시설을 점검 및 선정하여 노인들이 적절한 의료 서비스를 제공받을 수 있도록 도움을 준다.
④ 보호 서비스 : 자금의 적합한 사용계획을 마련하여 안전한 생활환경을 지켜주는 예방적 차원의 서비스, 노인이 가능한 한 지역사회에서 자립할 수 있게 도와주는 지원 서비스, 법적 자원에 접근하는 데 도움을 주는 개입 서비스 등을 포함한다.

⑤ 식사 서비스 : 정부의 재정보조를 통하여 노인들에게 저렴한 가격으로 식사를 제공함으로써 노인들의 건강증진을 도모하는 노인서비스센터의 중요한 프로그램이다.

⑥ 법률 및 재정관리상담으로서 저소득 계층 노인을 위한 보충급여 수혜의 적격성 여부에 대한 상담과 유언장 작성에 도움을 제공하는 서비스이다.

⑦ 우애방문 서비스 : 고립된 환경에서 생활하는 노인들을 정기적으로 방문하여 안부를 묻고 말벗이 됨으로써 사회로부터의 고립감 및 소외감을 덜어주는 서비스이다.

⑧ 가사원조 서비스 : 병약한 노인들이 그들의 주거 환경에서 불편 없이 생활할 수 있도록 청소나 식사준비 등의 가사를 도와주는 서비스이다.

⑨ 전화안부 서비스 : 신체 및 정신기능의 약화로 인해 외부와의 접촉이 어려운 노인들에게 전화를 통한 접촉으로 신변의 안전과 도움의 필요를 확인하는 서비스이다.

⑩ 고장수리 서비스 : 관리능력과 자원이 부족한 노인들로 하여금 적절한 주거 및 기타 생활과 관련한 적정한 환경사태가 유지되도록 돕는 서비스이다.

⑪ 주간보호 서비스 : 가족원을 대신하여 병약한 노인들에게 낮 시간 동안 수발 서비스를 제공하는 프로그램이다.

⑫ 교통이용 서비스 : 경제적·육체적 문제로 교통시설의 이용에 어려움을 겪는 노인들을 위하여 교통편의를 제공하는 서비스이다.

⑬ 노인요양시설 연계 서비스 : 노인요양시설에서 생활하고 있는 노인들을 노인서비스센터의 프로그램에 참여하게 하는 서비스이다.

미국 전역의 424개 다목적노인서비스센터의 보고에 의하면, 전체의 90%는 정보와 구직, 교통 지원, 무료급식 서비스를 제공하고 있고, 또한 70%는 가정배달 식사 서비스를 제공하고 있는 것으로 나타났다. 이외에도 많은 센터들이 건강 서비스와 자원봉사활동 참여의 기회를 제공하고 있다. 그러나 노인을 가장 많이 참여하도록 이끈 프로그램은 식사, 정보와 구직 그리고 앉아서 하는 레크리에이션이었고, 여행 또한 노인들이 열정과 관심을 많이 나타낸 활동이었다. 이와 같이 노인서비스센터가 노인인구를 위한 서비스를 제공하는 지역사회의 중심기관으로서 역할을 수행하기 위해서는 노인의 욕구에 부합하는 효과적인 프로그램을 개발하고 적절하게 운영하는 것에 달려 있는 것이다.

2 일본

일본은 평균수명 80년이라는 세계 최장수국으로서 21세기에는 국민의 약 1/4이 노인이라는 초고령사회에 도달될 것으로 예측되고 있다. 그러므로 일본에서는 본격적인 장수 복지 사회의 기초를 확립하기 위한 적극적인 정책을 시행하고 있다.

1986년에 일반 후생성의 보고에 따르면 소득보장, 의료보험 등을 제외한 사회복지 서비스 분야에서는 재가 서비스를 포함하여 민간의 참여를 거부할 이유가 없다. 효율성의 관점에서 볼 때 민간 베이스의 공급이 가능하면 공적 공급을 축소하고 민간 활력의 적극적인 도입을 강조할 수 있다. 다양화되는 국민 복지 니즈(Needs)의 변화에 부응하고, 공과 사가 각각의 역할과 기능을 적절히 수행할 수 있다면 일본경제는 보다 내수 중심의 발전으로 전환되고 커다란 고용기회의 창출을 기대할 수 있다. 일본 사회에서는 사회복지 서비스에 대해 가정, 지역사회, 복지시설의 유기적인 결합을 기반으로 한 시스템 구축을 강조하고, 유료 노인홈들은 시장 기구를 통하여 제공되는 서비스를 받으며, 복지 수요의 다양화에 대응하여 영리적 기업참여에 적극적인 자세를 보이고 있다.

[표 25] 일본 노인복지 서비스의 종류 및 내용

종 류	내 용
양호 노인홈	신체, 정신, 경제 환경적인 어려움으로 인해 집에서 수발받기 어려운 노인을 위한 시설보호 서비스
특별양호 노인홈	특별한 간호가 필요한 중증 노인을 위한 시설보호 서비스
노인 휴양홈	오락, 집회, 숙박 등 보건휴양의 목적으로 이용되는 시설
노인주간 서비스	자립생활 원조, 사회적 고립감 해소, 심신기능 유지를 목적으로 시설 통원을 통한 각종 서비스 제공
노인정	집회, 취미, 오락 등을 위한 노인여가 활동 장소
노인보양소	저렴한 가격으로 온천, 휴식, 오락 등 보건 휴양의 장으로 이용하는 시설
와병노인위로 서비스	와병노인에 대한 위로금 지급 서비스
단기보호 서비스	재가와병노인을 일시적으로 위탁 간호하는 서비스
이동목욕 서비스	목욕차를 파견하여 병약한 노인에게 목욕 서비스 제공
침구건조 서비스	와병노인의 위생관리를 위한 침구건조 서비스
노인 방문원 서비스	독거노인가구를 방문하여 정서적 지지 제공
복지전화 대여 서비스	병약한 독거노인 가정에 전화를 대여하여 정기적으로 안부를 확인하는 서비스
사랑의 전화벨 서비스	위급 시 이웃과의 긴급연락용 인터폰 설치를 통한 지원서비스
경로연금 급부	노인의 장수를 축하하는 축하금 전달 서비스
경로의 날 기념잔치	80세 이상 노인을 초대하여 축하하고 노인에 대한 지역사회의 관심과 이해를 증진시키기 위한 서비스
가정봉사원 파견 서비스	신체 및 정신적 장애로 일상생활에 곤란을 겪는 노인을 위해 가정봉사원을 파견하여 제공하는 서비스
노인클럽활동 지원 서비스	노인클럽활동의 활성화를 위한 보조금 지원 서비스
노인취미활동 지원 서비스	원예, 도예 등 노인의 취미활동 활성화를 위해 재정적 지원을 통해 작업그룹을 설립해 주는 서비스

1) 재가 노인 서비스

재가 노인 서비스로는 지역 사회에서 생활하는 누워서 생활하는 노인과 치매성 노인 및 허약한 노인 등 원조를 필요로 하는 대상을 중심으로 가정봉사원 서비스(home-helper service), 일일 서비스(day service), 단기입소 운영사업(short stay service), 일상생활 용구의 급여 등이 주요 활동이다. 또한 사회 활동 촉진 대책으로 고령자의 삶의 의미와 건강 가꾸기 추진사업, 노인클럽 조성비 지급, 전국 노인클럽 연합회 조성비, 고령자 능력개발 정보센터, 고령자 종합 상담 운영사업이 있다.

2) 노인 보건, 의료 제도

1983년 제정되어 종합, 체계적으로 추진되어온 일본의 노인보건법의 목적은 질병구조의 변화와 고령화 사회의 도래에 대응하여 예방에서부터 진료, 기능 훈련 등에 이르는 종합적인 보건 의료 시책을 행하는 한편, 노인의료비를 국민 모두가 공평하게 부담하는 것을 취지로 한다.

1986년 일본 후생성에서는 치매성 노인대책 추진본부를 설치하여 치매성 노인대책에 관한 조사연구의 추진, 예방체제의 정비, 개호가족에 대한 지원방책의 확충, 시설대책의 추진 및 기타 대책을 추진해야 할 필요가 있다는 것을 제기했다. 현재 보건 의료, 복지의 양면에 걸쳐서 연계를 취하며 각종 시책이 시행되고 있다.

3) 주거 관련 사업

노인을 위한 입소 시설로는 양호 노인 홈, 특별 양호 노인 홈, 실비 노인 홈, 유료 노인 홈 등이 있다. 이용 시설로는 노인 복지 센터, 노인 휴식의 집, 노인 휴양 홈 등이 있다. 영리를 목적으로 하는 민간 기업이 참여할 수 있는 유료 노인 홈도 있다. 주로 공적 복지 서비스 중심으로 발전하고 있지만, 실질적으로 점차 민간 사업자에게 위양하는 재택 서비스의 폭이 넓어지고 있다.

4) 연금제도

[표 26] 일본 노인복지센터의 프로그램 구성

구 분		서 비 스 내 용
노인복지센터	생활상담	생활일반, 주택, 신상, 가족단계, 연금, 기타수입, 생활부조, 가계, 건강, 직업, 결혼
	건강상담	문진(식욕, 변통, 수면, 기분, 피로, 통증, 병력, 사고 유무), 검진(체온, 진맥, 혈압측정, 요검사, 체력측정, 시력검사, 영양, 체력, 심전도), 병 예방(뇌졸중 대책, 당뇨병, 심장병), 병원연계(진료소 소개, 병원소개), 건강, 고부문제
	기능회복 훈련	보행보조구 임대, 물리치료(치료체조, 운동치료), 작업치료(수예, 공작, 원예, 회화, 조각, 심리치료(대하요법), 그룹치료(뇌졸중후유증, 교통사고 후유증), 목욕 서비스
	운동, 스포츠지도	체력검사(노인체력검사, 건강검사), 스포츠(원반던지기, 탁구, 배드민턴, 게이트볼)
	교양강좌	바둑, 장기, 다도, 서예, 시조, 연극, 수묵화, 조각, 도예, 뜨개질, 인형, 컴퓨터, 요리, 민요, 포크댄스, 가라오케, 시무, 검무, 펜연습, 대정금연주, 꽃꽂이, 원예, 농예
	레크리에이션	바둑, 장기, 취미, 스포츠경연대회, 작품전시, 관람, 여행
협력서비스센터	노인활동클럽	학습(수예, 공작, 원예, 회화, 보건, 안전, 문예), 강의(시사문제, 생활, 영양, 보건, 복지, 종교), 견학(노인시설, 교육시설, 생산시설, 문화시설, 재활시설), 자원봉사 서비스(도서관 서비스, 우애방문, 클럽노인관계, 케어원조(목욕, 이·미용), 시설 위문)
	주요행사	연예대회, 윤투대회, 바둑·장기대회, 운동회, 민요발표회, 문화예술작품전, 영화감상회, 사회견학, 카드놀이대회, 음악제, 게이트볼대회
	시설 서비스	우애방문, 방문간호
	각종 관련 단체·시설과의 교류	보건관계(보건소), 의료관계(병원, 진료소), 복지관계(노인홈, 노인시설, 장애자시설), 수산관계, 직업관계(직업소개소), 교육관계(공민관), 각종단체(청년회·부인회, 노인클럽, 사회복지관계)

데이케어센터	생활지도	생활지도 · 조언 및 상담
	일상생활동작훈련	레크리에이션, 기계욕조로 목욕 서비스 제공
	건강체크	혈압, 체온측정, 문진, 건강지도
	양호	휴양실 운영
	가족개호자교실	상담 및 가족과 지역주민들에게 개호자 강습회
작업소	제작장소제공	공예품, 편물, 수예 등의 장소 제공
	지도 및 조언	작품에 대한 이론과 실습 지도, 상담
	전시 및 판매	장소 제공

— 소준영, 「노인종합복지관건축의 공간구성계획에 관한 연구」,
박사학위논문, 홍익대학교 대학원(1998)

1985년 일본의 국민 연금법은 개정 전에는 국민연금을 피고용자연금 제도의 혜택을 받지 못하는 사람들에게만 적용하였으나 법 개정 이후에는 일본에 거주하는 20세 이상에서 60세 미만의 모든 사람에게 적용될 수 있게 되었다. 따라서 일본에서는 국민연금 제도로부터 기초연금뿐만 아니라 피고용자 연금제도로부터 소득 비례 연금을 지급받을 수 있게 되었다.

일본의 피고용자연금은 기업체에 고용된 사람이 25년 이상 근무한 후 일정 연령(남자 60세, 여자 57세)에 도달했을 경우에 지급된다.

5) 한국과 일본의 실버산업 비교

한국과 일본의 실버 서비스산업을 현시점에서 단순 비교하는 것은 무리가 있다. 고령화율에서 한국(2004)이 8.1%, 일본(2003)이 18.8%이고, 산업수준에서도 차이가 많이 나기 때문이다. 또한 가족제도, 경제수준 및 문화, 환경이 달라 노인 요양 방식과 실버 서비스산업의 육성에 있어서도 접근 방식이 다소 차이날 수 있다.

3. 한·미·일 노인센터의 비교분석 결과 및 시사점

1 비교 분석 결과

미국의 노인센터가 노인을 위한 지역사회의 거점이 될 수 있었던 것은 한 장소에서 노인들의 활동과 서비스가 한 번에 이루어진다는 것이다. 더구나 시설 이용이 거의 무료이기 때문에 경제적인 어려움을 겪고 있는 노인들도 다른 사람들을 만날 수 있는 곳이고 여가시간을 보낼 수 있는 장소기에 때문에 노인들에 중요한 시설로 인식된다.

미국의 노인센터의 이용대상은 초기에는 65세 이상으로 규정하였으나, 현재에는 60세 이상을 기준으로 하고 있으며, 각 지역의 노인센터에 따라 55세 이상으로 규정하고 있기도 하다. 우리나라 노인의 경우 서구 노인들에 비해 일반적으로 경제적 조건이나 건강, 그리고 여가활동에 대한 교육, 기술, 경험이 부족하기 때문에 여가 활동의 참여도가 낮고 다양하지 못한 것이 사실이다.

현재 노인들의 여가 활동을 도와주는 프로그램으로는 정부에서 지원하는 노인정, 노인교실, 노인휴양시설, 노인복지관 등이 있으며, 종교단체나 사회단체에서 실시하는 여가 프로그램과 지역단위로 노인집단에서 자율적으로 계획, 실시하는 여가 프로그램, 그리고 노인을 소비자로 보는 기업에 의해서 주도되는 관광 또는 레크리에이션 프로그램 등이 존재하는 그 효과는 미국이나 일본에 비해 떨어지는 것이 사실이다.

[표 27] 한국, 일본의 실버 서비스산업 정책 비교

구분	한 국	일 본
개념	• 고령자의 능력저하로 발생한 수요를 충족시키는 산업(광의) • 정보·한방·농업분야 등 추가 + 첨단기술	• 민간이 노인상품과 서비스를 수익 자부담 공급하는 사업 • 노인상품·서비스의 진화 기술
도입	• 2000년대 • 총리실 종합대책 중 일부(2001)	• 1970년대 • 국회·내각 차원 대응
법령	• 저출산·고령사회기본법(2005) • 노인복지법 : 유료시설규정삽입(1993) • 고령친화산업지원법(가칭, 추진 중)	• 고령사회기본법 • 민간노후종합시설정비법(1989) • 복지용구법(2004) • 개호보험법(2000) • 행정지침분야별 작성(1970~1990)
조직	• 대통령 : 저출산·고령사회위원회 • 보건복지부 : 저출산·고령사회추진기구 • 대한실버산업협회(2004)	• 후생성 실버 서비스 진흥지도실(1985) • 실버 서비스 진흥회(1987) • 테크노 에이드(1987) • 복지용구·생활지원용구협회(2003) • 건강장수마을추진센터(1990)
사업	• 산자부 일부 시행 • 민간차원 실시 • 정책수립방안 연구 • 요양보장 일부 시행(2007 예정)	• 실버마크 5분야(1989) • 복지용구소독공정관리운영 • 기술개발지원, 표준화 • 개호실습·보급센터 • 복지용구정보 시스템 • 국가자격시험(의지장구사) • 인력양성연수(보청기, 복지 플래너, 요양 서비스 등) • 실버 서비스 전시, 국제복지기지전 • 조사·연구사업 • 개호보험사업(2000)

― 이인수, 실버산업의 전망과 과제(2006)

2 각국의 현황 비교를 통한 시사점

① 미국 노인들은 자신이 사는 지역에서 자신들을 위한 서클을 만들어 이끌어 온 것이 주체가 되어 다양한 욕구(needs)를 해결하기 위한 창구가 되었다. 근면, 성실, 정직을 바탕으로 하는 청교도 정신과 합리주의적 사고방식은 고객을 위한 다양한 상품을 개발해냈고, 고객으

로 하여금 원하는 프로그램을 마음대로 골라 자신의 복지 욕구를 충족시키도록 하였다. 각종 프로그램 하나하나는 엄선된 상품이요 노인복지센터는 대형 슈퍼마켓과 같다.

고객 중심의 노인복지관은 이런 의미에서 얼마든지 다양한 상품 혹은 프로그램을 개발해내고 판매될 수 있다는 것이다. 자연히 팔리지 않는 상품은 공급이 중단될 것이다. 우리나라의 경우 초기 단계인 만큼 양질의 신상품을 계속 개발하기 위해서는 노인욕구를 발견하고 적절한 서비스를 공급할 수 있도록 조사연구사업, 새로운 프로그램 연구 사업 및 서비스 개선 사업이 지속적으로 절실하다.

② 현재의 프로그램은 노인들의 심신, 건강증진을 위한 서비스 프로그램이 대부분이고 공통적 주체이다. 그러나 미국처럼 노인들 스스로가 배우고 발전하여 개입하는, 노인들이 주체가 되는 교육 및 프로그램의 확장이 전개되어야 한다. 그러한 활동들을 통해 노인들 스스로가 시설 이용 주체가 되어 능동적으로 자기의 일을 찾아 삶의 보람을 느끼게 해야 한다.

③ 미국의 노인복지센터는 지역사회의 거점이 되어 노인 생활의 구심점 역할을 하고 있다. 미니버스, 중형버스 등이 노인들의 집을 방문하여 교통 서비스를 제공할 뿐만 아니라 슈퍼마켓이나 병원 등을 잇는 교량 역할을 하고 있다. 우리나라의 교통 환경으로 볼 때, 택시는 비싸고 전철은 너무 복잡하며, 일반 버스는 오르고 내리기엔 거동이 둔한 노인으로서는 어려움이 많다. 우리나라에서 현재 부분적으로 시행되고 있으나 센터까지 오고 싶어도 오지 못하는 많은 노인들을 위해서 시도해 볼만한 프로그램이다.

[표 28] 국내외 노인종합 복지관의 개념 비교

구분	한국	미국	일본
명칭	노인종합복지(회)관 노인복지(회)관	Multipurpose Senior Center Senior Citizen Center Senior Activity Center Senior Center Senior Club	노인복지센터 특A, A, B형 고령복지센터 노인복지회관 생기가 넘치는 플라자
효시	1989년	1943년	1963년
정의	무료 또는 저렴한 요금으로 노인에 대해 각종 상담에 응하고 건강의 증진·교양·오락 기타 노인의 복지 증진에 필요한 편의를 제공하여 주는 종합적 노인복지센터	노인들에게 다양한 서비스와 사회활동을 제공하는 지역사회 중심의 물리적인 시설	
이용대상	60세 이상 노인	60세 이상 노인	60세 이상 노인
운영주체	지방자치단체 사회복지법인 노인회	공공기관 비영리단체	특A형은 시 A·B형은 지방공고단체 사회복지법인
유형	노인복지관 노인종합복지관	노인클럽 노인센터 다목적노인센터	노인복지센터 특A형 노인복지센터 A형 노인복지센터 형B

— 소준영, 「노인종합복지관건축의 공간구성계획에 관한 연구」, 박사학위논문, 홍익대학교 대학원(1998)

④ 일본의 노인센터 사업 중 주목할 만한 것은 노인 클럽 조성 및 육성사업이다. 이는 동일 지역에 사는 60세 이상의 노인 50명 이상으로 결성된다. 초기 노인 클럽은 1950년 대도시에서 1953년 동경에서 실험적으로 조직되어 노후를 건전하고 평안하게 보내기 위해 구성된 자발적인 모임이다.

초기에는 주로 레크리에이션 정도의 모임이었으나, 1963년 노인보건법 제정과 더불어 노인 클럽에 대한 국고 지원이 시작됨으로써 활발한 움직임이 퍼져나갔다. 노인클럽의 활동은 다양해져서 지역사회의 구성원으로서 역할을 할 수 있도록 교양 향상을 위한 각종 교육 프로그램과 노인봉사활동 사업을 수행해 나가고 있다.

이러한 점을 감안할 때 현재 우리나라 노인들에게도 노인 클럽을 이끌어 나갈 수 있도록 환경을 조성해주고 정책적으로 뒷받침해준다면 60대의 활기차고 건강한 노인 그룹이 미처 손길이 닿지 않는 사회의 구석구석을 돌볼 수 있을 뿐만 아니라 당당한 지역사회의 일원으로서 역할을 수행할 수 있을 것이다.

⑤ 일본의 경우 지역의 일반 주민이 시설 이용을 원할 경우, 소정의 실비를 받고 시설 이용을 개방한다. 이렇게 되면 기존 건물의 시설이 용도를 높일 뿐만 아니라 지역 주민에 대한 홍보효과도 자연스럽게 높일 수 있다. 또한 같은 공간에서의 활동은 주민으로서의 화합, 일체감, 공동체 의식을 높이고 노인의 삶을 이해하는 계기도 되어 그 효과가 크다.

Section 11

활력 있는 삶을 위한
실버 필라테스

1. 아름다운 사람은 모두 필라테스

LOHAS(건강과 지속가능성을 중시하는 라이프스타일)를 실천하고 있는 할리우드의 배우들이나 마니아들의 필수가 되는 필라테스. 몸과 마음을 이어준다는 이 운동이 인기인 이유는 무엇인가? 골반부터 불균형을 치유하여 본연의 아름다움을 되돌리고, 신진대사를 촉진하는 비결은 바로 필라테스이다.

스스로 바른 자세의 건강한 몸을 가지고 있다고 생각하는가? 사무실 업무, 하이힐을 신고 서서하는 업무, 통근 등 우리의 일상생활에서는 한쪽 근육을 집중적으로 사용하여 신체적 불균형을 초래하는 경우가 많이 있다. 신체적 불균형은 어깨 결림, 요통 등의 통증이나 만병의 원인이 된다. 그 불균형한 몸을 바로 교정하는 재교육 수단이 바로 필라테스이다.

필라테스는 원래 재활을 목적으로 개발되었다. 이 운동은 주로 몸의 중심·척추 주변의 근육을 바르게 사용하고 골반주변 체내에 있는 근육(inner muscle) '핵'을 단련시킴으로써 골반을 안정시켜 자세를 좋게 하고 균형 있는 몸을 만들어준다. 또한 무의식중에 사용하던 근육을 움직여 신진대사를 촉진시키기 때문에 신체의 대사가 좋아지고 유연한 몸을 만드는 효과도 있다. 게다가 깊이 호흡하면서 몸을 움직이기 때문에 전신의 긴장을 풀어주어 상쾌한 기분으로 매일을 보낼 수 있게 돕는다.

필라테스는 '단련한다'는 이미지와는 조금 다른 다소 느긋한 움직임이기 때문에 지금까지 스포츠를 즐기지 않았던 사람이나 어떠한 연령층이라도 실시할 수 있다. 몸이 뻣뻣한 사람이나 격한 운동에 좌절한 사람이라도 무리 없이 실시할 수 있으며, 치유하고자 하는 증상이나 가능한 레벨에 맞는 운동이 많이 있다. '10레슨으로 기분이 좋아졌다', '20레슨으로 몸의 변화가 생겼다', '30레슨으로 완전히 새로운 몸이 되었다'고 필라테스 고안자인 조셉 필라테스가 말한 바와 같이, 필라테스를 실시하면 몸이 확실히 변화하고 있음을 느낄 수 있을 것이다.

 나아가 중요한 것은 신체에 효과가 있을 뿐 아니라 마음에 작용하는 운동이 필라테스이다. 필라테스의 동작 하나하나를 천천히 자신의 몸을 의식하면서 집중하여 움직여보면, 자신의 몸이 몸과 연결되어 있음을 알 수 있을 것이다. 이처럼 몸과 마음의 소통을 재인식할 수 있는 운동이 바로 필라테스이다. 아무런 도구를 사용하지 않고 오직 몸으로만 실시하는 필라테스는 바로 'LOHAS'적이라고 할 수 있다. 그러한 요소가 필라테스에 주목하는 이유일지 모르겠다.

 건강하고 아름다운 매일을 보내고자 하는 사람이라면 지금 바로 시작해보자!

■ 필라테스의 효능

1. **몸의 불균형이 치유되어 자세가 좋아진다** : 골반과 척추 주변에 있는 몸의 중심근육을 단련함에 따라 골반과 척추의 위치를 본래 위치로 교정시켜 자세가 좋아진다.
2. **몸 전체가 유연하게 긴장된다** : 눈에 보이는 근육을 단련하는 것이 아니라 몸 중심에 있는 핵 부분의 근육을 단련시키기 때문에, 겉보기에 근육질인 체형이 아니라 지방이 연소되어 유연하게 긴장시킨다.
3. **몸과 마음의 균형을 맞춘다** : 필라테스는 자신의 몸 어느 부위를 움직이고 있는지 확인하면서 실시하기 때문에 마음(생각)이 몸에 반영된다. 즉 몸과 마음의 균형이 맞추어진다.
4. **어깨결림이나 요통 같은 몸의 통증이 사라진다** : 보통 취하고 있는 자세나 생활 습관으로 불균형한 골반을 바른 위치로 조절하거나, 보통 사용하지 않는 근육을 움직임에 따라 혈행이나 혈류가 좋아져 자세가 바르게 고쳐진다.
5. **집중력이 늘고 감각이 깨어난다** : 몸의 근육에 집중하는 법을 연습하면 마음을 집중시키는 연습도 된다. 또 자신의 의식·감각(보이지 않는 부분)을 찾는 연습으로 감각이 깨어난다.

Section 11

필라테스를 실시할 때의 주의점

필라테스를 효과적으로 실시하기 위해서는 최적의 컨디션을 갖출 필요가 있다. 아래 사항들에 주의하여 바르게 필라테스를 실천하자.

① 수건이나 매트를 깔 것

아무것도 없는 딱딱한 바닥에서 실시하면 척추나 몸에 통증이 생길 우려가 있다. 가능하면 전용 매트가 좋지만 큰 목욕타월을 2장 겹쳐 깔아도 충분하다.

② 만복일 경우나 심한 공복 상태일 경우에는 실시하지 않을 것

만복 시에는 위액이 집중되어 필라테스를 실시하면 대사가 나빠 소화불량이 일어나기 쉽다. 공복 시에 필라테스를 실시하는 것이 좋으나 심한 공복일 때 혈행이 너무 좋아져 신체가 악화될 우려가 있어서 식사 후 2시간 정도가 바람직하다.

③ 집중할 수 있는 장소를 선택할 것

자신의 몸을 생각하며 바른 호흡과 효과적인 움직임을 하기 위해서는 집중할 수 있는 환경이 필요하다. 또 안정시킬 수 있는 음악이나 향을 이용해도 좋다.

④ 활동에 편하고 몸에 잘 맞는 복장을 착용할 것

자신의 몸을 의식하기 위하여 신체에 잘 맞는 복장이 좋다. 그러나 몸을 지나치게 죄는 복장은 운동에 방해가 되므로 피한다.

⑤ '핵'을 항상 의식하여 동작을 취할 것

모든 운동은 복사근, 복직근 등의 골반 주변 근육이나 척추, 골반을 중심으로 실시한다. 핵을 의식하며 정확한 움직임을 취하도록 집중한다.

⑥ 몸 어느 부분의 근육을 움직이고 있는지 의식할 것

운동 중 어느 근육이나 뼈를 움직이고 있는지를 의식하지 않고 무작정 자세만을 만들려 하면 효과가 없다. 양보다 질이 중요하므로 천천히 정확하게 실시한다.

⑦ 1주 1회보다는 5분씩이라도 매일 실시할 것

중요한 것은 신체를 의식하는 것이다. 매일 어떠한 신체로 보내고 있는지는 정확히 파악하기 위해서는 매일 실시하는 편이 좋다.

⑧ 호흡을 의식해서 실시할 것

필라테스에서 실시하는 호흡은 가슴을 이용한 흉식호흡이다. 숨을 들이마실 때 가슴을 충분히 벌리고 내쉴 때에 움츠려보자. 숨을 내쉴 때에 몸을 움직이고 호흡과 움직임의 운동을 명심하자.

⑨ 무리하지 않을 것

처음부터 완벽하게 하려고 하지 않을 것. 처음부터 완벽을 추구해버리면 불가능할 때에 '필라테스와 맞지 않아'라고 생각하고 포기하기 십상이므로, 할 수 없어도 의식을 하여 실시할 것. 자신이 할 수 있는 페이스로 무리하지 말고 즐겨보자.

⑩ 흐르는 듯한 동작을 명심할 것

반동을 주거나 너무 힘을 주는 것은 금물이다. 힘을 주면 본래의 효과를 원하는 부위 이외 근육에 쓸데없이 들어가 버린다. 몸 중심부터 의식하여 천천히 흐르듯이 실시해보자.

2. 필라테스 실시 전에 알아두어야 할 포인트

1 자신의 몸을 의식한다

근육이나 뼈 위치를 알아 두고 자신의 몸이 움직이는 부위를 정확히 의식하며 실시하는 것이 필라테스의 효과를 높이는 요령이다. 여기에서는 필라테스에서 많이 사용하는 근육/뼈의 장소를 설명한다. 이 부위를 익혀 레슨을 실시해보자.

필라테스를 실시하는 데 특히 중요한 것은 그때 그때의 운동에서 사용하는 근육을 의식하는 일이다. 필라테스는 골반과 척추 주변에 있는 몸 중심의 근육(복직근/골반저근/복사근/복횡근 등)을 단련하는 운동이 많아, 이 근육을 단련하여 골반의 위치를 교정하여 균형 있는 몸을 만들어준다. 또한 필라테스는 신체의 균형뿐 아니라 일상생활에서 그다지 사용하지 않는 부분의 근육을 단련시켜 신진 대사를 좋게 하고 지방이 연소되기 쉬운 몸으로 만들어준다.

1) 골반 체크

골반의 위치가 삐뚤어져 있으면 쉽게 피로해지고 살이 찌기 쉬운 체질이 될 우려가 있다. 좌우의 균형을 체크해보자.

1 엎드려 누워 양 무릎을 세워 좌우로 발목을 벌린다. 골반의 균형이 좋으면 균등하게 벌어진다. 좌우가 균등하게 벌어지는지 체크해보자. 우측 다리가 더 벌어지면 좌측 골반이 더 닫혀 있을 가능성이 높다. 좌측 다리만 벌어진 경우는 우측 골반이 단단하게 닫혀 있는 경우이다.

2) 고관절의 유연성 체크

걷는 방법이나 다리를 꼬는 등의 생활 습관으로 고관절이 불균형한 경우도 있다. 책상다리를 하고 앉아 체크해보자.

① 먼저 좌측 다리를 앞으로 하여 책상다리를 하고 앉는다. 양 무릎의 높이가 바닥으로부터 균등하도록 앉는다.
② 우측 다리가 올라가는 사람은 우측 고관절이 굳은 경우이다.
③ 좌측 다리가 올라가는 사람은 좌측 고관절이 굳어 있을 가능성이 높다. 고관절이 균등하게 가동성을 발휘하지 못하면 바르고 예쁜 자세로 걸을 수 없으므로 균등하게 유연해지도록 단련한다.

3) 어깨와 전신의 불균형 체크

어깨가 비뚤어져 있으면 자세도 나쁘고 쉽게 피로한다. 등에서 손을 맞잡아 보자. 무리가 없이 양손을 맞잡을 수 있으면 이상적이다.

1 우측 손을 위로, 좌측 손을 아래로 하여 등 뒤에서 손을 잡는다. 이렇게 우측 손을 위로 하였을 때 닿지 않는 사람은 우측 견갑골이 굳어 있는 경우이다.

2 좌측 손을 위로, 우측 손을 아래로 하여 등 뒤에서 손을 잡는다. 이렇게 좌측 손을 위로 하였을 때 닿지 않는 사람은 좌측 견갑골이 굳어 있을 가능성이 있다. 어느 손을 위로 했을 때나 균등하게 잡히는 것이 이상적이다.

4) 호흡법

운동 시에는 항상 코로 들이마시고 입으로 내쉬는 흉식호흡을 해야 한다. 많이 들이마시려고 하면 어깨에 힘이 들어가므로 주의한다.

1 똑바로 누워 무릎을 세우고 무릎과 무릎, 턱과 목 사이에는 오렌지 하나 정도로 공간을 둔다. 가슴, 횡격막을 가로, 세로로 벌려 코로 숨을 크게 들이마신다. 횡격막을 손으로 만져 확인해보면 좋다.

2 가슴을 벌려 입으로 공기를 멀리까지 내쉬면서 몸이 무거워져 지면으로 가라앉는 느낌으로 실시한다.
〈포인트〉 필라테스는 흉식호흡이 기본이므로 배는 사용하지 않을 것

5) 골반 자세(pelvic chair)

필라테스의 기본인 바른 골반 위치

→ 임프린트(imprint)와 중립상태(neutral position)를 확인할 것

① 똑바로 누워 무릎을 세우고 무릎과 무릎 사이, 턱 아래에 오렌지 한 개 정도의 공간을 두고, 요람과 같이 골반을 흔든다. 척추와 허리를 매트에 딱 붙인다. 허리와 척추가 매트에 닿았을 때 요골 2개와 치골을 잇는 삼각형의 중심이 배꼽 쪽으로 이동하는 이미지로 등을 매트에 지그시 붙인다. 이것이 임프린트(imprint) 포지션이다.
〈포인트〉 척추와 허리를 매트에 붙일 때에는 다리가 아니라 복근을 사용한다.

② 요골과 치골의 삼각형이 바닥과 평행을 이루고 허리와 바닥 사이로 손가락이 한두 개 들어갈 정도를 유지한다. 이것이 중립상태(neutral position)이다.
〈포인트〉 어깨가 올라가지 않도록 요골과 치골을 잇는 삼각형이 바닥과 수평을 이루도록 한다.

6) 스트레칭

필라테스의 모든 코스를 실시하기 전에 몸의 긴장된 근육 상태를 풀어 무리가 생기지 않도록 한다. 이것이 스트레칭이다. 스트레칭은 팔, 등, 상체, 허벅지를 펴주는 동작이다. 각 코스가 끝난 후에도 실시하면 좋다.

① 책상다리를 하고 앉는다.
② 등과 팔 스트레칭 : 손가락을 가슴 앞에서 깍지를 끼워 전방으로 쭉 뻗는다.
③ 상체 스트레칭 : 좌측 손으로 우측 팔을 잡아당기듯이 하여 숨을 내쉬면서 우측 상체를 뻗는다. 숨을 들이마시고 중앙으로 되돌아온다. 중앙으로 되돌아와

자세를 바로 하였으면 이번에는 좌측. 숨을 내쉬면서 같은 요령으로 실시하여 좌측 상체를 펴준다. 배꼽은 당겨 올릴 것

④ 가슴 스트레칭 : 팔을 등 뒤로 돌려 손가락 깍지를 낀 후, 깍지 낀 양손을 위로 쭉 올린다. 견갑골과 견갑골을 밀듯이 가슴을 벌린다. 숨을 들이마시면서 팔을 올리고 내쉬면서 되돌아온다.

⑤ 목 스트레칭 : 천천히 머리 무게를 이용하여 회전시킨다. 어깨 결림이 풀어지도록 천천히 돌린다.

⑥ 허벅지 뒤, 햄스트링스 스트레칭

1 똑바로 누워 우측 다리를 위로 뻗은 후 양손으로 우측 무릎을 감싼다. 머리 쪽으로 당겨 우측 허벅지 뒤가 당겨짐을 느낀다. 호흡은 편히 실시한다.

다음은 좌측. 얼굴 쪽으로 쭉 당겨 허벅지 뒤쪽 햄스트링스가 당겨짐을 느낀다. 호흡은 편안히 실시하고 어깨에 힘이 너무 들어가지 않도록 주의한다. 익숙해졌으면 조금 더 당기고 양 다리 모두 무릎을 굽히지 않도록 주의한다.

2 허리, 바깥 허벅지, 엉덩이 스트레칭. 좌측 다리를 세우고 우측 손으로 좌측 무릎을 잡아 우측으로 넘긴다. 무릎 위에서 허리, 상체가 펴지는 상태 의식한다.

3 다음은 우측 다리. 좌측 손으로 우측 무릎을 눌러 좌측으로 넘긴다. 엉덩이부터 바깥 허벅지, 허리가 펴지는 상태를 의식한다.

2 기초 체력을 다져 몸의 불균형을 치유한다

기초 단계 : 몸의 중심을 바로잡고 균형을 맞추어 핵이나 전신을 단련하여 기초체력을 기르는 코스. 확실히 기초를 다져보자.

1) 입위 뉴트럴 자세(stand neutral)

선 자세의 중립상태. 선 상태에서 골반 자세를 실시한다. 바구니상의 근육(골반저근군)을 단련하여 골반 개폐를 실시한다. 어깨의 힘은 빼고 너무 젖혀지지도, 너무 구부정하지도 않도록 주의한다.

① 다리는 허리 넓이로 벌리고 발끝은 똑바로 앞을 향한다. 천천히 허리를 젖힌다.

② 요골 2개와 치골을 이은 삼각형이 바닥과 수직을 이룬 위치가 중립상태. 배꼽을 축으로 하여 엉덩이에 힘을 주었다가 다시 원상태로 되돌린다. 상반신은 움직이지 않도록 하고 골반 아래 근육을 이용하여 엉덩이를 긴장시켰으면 다시 제자리로 돌리며 그것을 반복한다.

2) 다리 들어올려 균형 유지하기(single leg balance)

좌우 요골의 높이를 같게 하여 내리고 있는 다리의 균형으로 서는 것이 아니라, 복부 깊은 곳에 힘을 주고 서는 것이다.

1 중립상태로 서서 먼저 좌측 다리를 들어올린다. 이 상태를 잠시 유지한다.
〈포인트〉 상체가 위로 늘어나는 느낌으로 균형을 유지한다.

2 요골 위치를 좌우 균등하게 유지하면서 들어올린 다리를 천천히 옆으로 벌린다. 반대편의 다리도 같은 요령으로 천천히 반복한다. 배꼽은 끌어올린다.

3) 엎드려 중심 잡기(table balance)

팔을 뻗을 때에는 몸이 좌우로 기울어지지 않도록 하고, 배꼽을 끌어올려 균형을 맞추는 것이 중요하다. 가능한 한 멀리까지 뻗는다는 느낌으로 팔을 뻗는다.

1 손발을 짚고 엎드린다. 무릎을 조금 뒤로 밀고 발끝을 세운다.

2 상체와 허리가 젖혀지지 않게 하고 천천히 우측 손을 멀리 뻗는다. 숨을 내쉬면서 배꼽을 끌어올려 몸이 흔들리지 않도록 주의한다. 숨을 들이마시면서 자세 1로 되돌아온다. 숨을 내쉬면서 팔을 뻗고 상체가 길어지는 이미지로 실시한다. 숨을 들이마시면서 천천히 되돌아온다.

4) 엎드려 상체 들어올리기(abdominal flowing)

핵 근육에 의식을 보다 집중시켜 실시한다. 상체를 위로 밀어 올릴 때 엉덩이를 움직이지 않도록 주의할 것

1 배꼽을 끌어올리지 않은 평소 상태로 엎드려 눕는다.

2 숨을 내쉬면서 배꼽을 척추 쪽으로 끌어올리듯이 실시하고 숨을 들이마신다.
〈포인트〉 배꼽 아래에 터널과 같은 공간이 생길 정도로 끌어 올릴 것

5) 양 어깨로 바닥을 지탱하고 다리 올리기(shoulder bridge)

척추 하나하나를 움직이는 이미지를 그리면서 천천히 상체를 들어올렸다 내린다. 다리를 올릴 때에는 골반 좌우 높이가 균등하도록 주의하여 실시한다. 체간부로 지지하는 의식을 가지는 것이 중요하다.

1 숨을 들이마시고 골반을 중립상태로 유지한다. 숨을 내쉬고 임프린트 자세를 취한다. 척추 하나하나를 의식하면서 천천히 상체를 들어올린다. 상체를 들어올렸으면 숨을 내쉰다.

2 1번 자세를 유지한 상태에서 우측 다리를 곧게 올린다. 숨을 들이마시고 내쉬면서 천천히 올린 다리를 다시 1번 자세와 같이 내려놓고 난 후 척추를 하나하나 바닥에 붙이듯 상체를 내린다. 같은 요령으로 좌측 다리도 실시한다.

6) 견갑골 운동(scapula exercise)

　겨드랑이 아래, 가슴 위에 있는 흉근까지 사용하도록 의식하고 팔꿈치는 굽히지 않도록 한다. 견갑골의 움직임을 의식하면서 골반은 중립 상태를 유지한다.

① 똑바로 누워 무릎을 세우고 양 팔을 천정 쪽으로 뻗는다.
② 숨을 들이마시면서 견갑골을 바닥에서 떼어내듯이 실시한다. 숨을 내쉬면서 원위치로 되돌아온다.

7) 백조 자세(swan)

　엎드려 상체 들어 올리는 자세를 하면서 배꼽을 확실히 긴장시켜 상체가 흔들리지 않도록 고정한다.

① 팔꿈치를 굽혀 손바닥을 몸 옆에 둔다.
② 숨을 내쉬면서 팔의 힘이 아니라 그대로 상반신, 배꼽 안쪽의 힘을 이용하여 상체를 들어올린다.
③ 숨을 들이마시면서 팔을 올리고 숨을 내쉬면서 날갯짓을 하듯이 팔을 천천히 벌린다.
　〈포인트〉 척추 하나하나의 근육을 펴듯이 상반신을 천천히 펴면서 새가 날갯짓을 하듯이 동작을 실시한다.
④ 팔을 뻗었으면 숨을 들이마시고 ③ → ② → ①을 반복한다.

3 컨디션 난조를 해소한다

주로 내장을 자극하는 포즈를 중심으로 한 프로그램을 통하여, 변비나 여성 특유의 컨디션 난조를 해소하는 코스이다.

1) 내장을 자극하여 집중력을 높인다.

복부 안쪽에 확실히 중심을 두어 상체를 안정시킬 것. 시선은 손끝에 집중하고 호흡은 편히 한다.

① 우측 무릎을 세우고 좌측 다리는 뒤로 뻗는다. 양손은 바닥에 붙인다.
② 달리기 전의 준비 자세와 같이 취하고 핵 근육 쪽으로 배꼽을 끌어올린다.
③ 그대로 좌측 손을 뻗어 뒤로 젖힌다.
④ 자신의 어깨너머로 손끝을 보는 느낌으로 몸을 지지한다. 다리와 팔만으로 균형을 맞추려 생각하지 말고 핵 근육을 사용할 것. 호흡은 편안히 지속하고 반대쪽도 같은 요령으로 실시한다.

2) 변비해소・옆구리 군살제거

옆으로 누워 다리 들기. 다리를 뻗는 것이 힘든 사람은 다리를 굽혀도 OK. 배꼽을 긴장시켜 배근을 뻗도록 한다.

① 옆으로 누워 무릎을 세우고, 무릎 아래로 손을 통과시켜 잡는다.

② 그 무릎을 상반신 쪽으로 끌어당겨 내장을 압박하듯이 꾹 누른다. 호흡은 편하게 지속한다.

③ 우측 손으로 우측 발꿈치를 잡아당긴다.

④ 그 상태에서 다리를 뻗는다. 배근과 고관절을 확실히 펴고, 반대 쪽도 같은 요령으로 실시한다.

3) 스트레칭 효과증진과 군살제거

어깨의 힘은 빼고 호흡은 자연스럽게 실시한다. 편안한 마음으로 스트레칭을 실시한다.

① 팔꿈치를 세워 옆으로 눕는다. 위에 온 다리의 무릎을 바닥에 붙인다.
② 상반신이 머리끝에서 잡아당겨지듯이 손끝을 멀리 뻗는다. 배꼽을 끌어올리는 이미지로 천천히 실시한다.

4) 호르몬 균형을 조절한다

골반 중심에 있는 선골 위치를 바로잡고 체간부에서 확실히 균형을 맞추어 실시할 것. 호흡은 편히 유지하고 실시한다.

① 천정을 향해 똑바로 눕는다.
② 숨을 내쉬면서 다리를 바닥에서 10cm 정도 올려 긴장시킨다. 손끝을 발 쪽으로 뻗는다.
③ 숨을 내쉬면서 손을 바닥에 붙이고 엉덩이로 균형을 맞추면서 상체와 다리를 올린다.
④ 팔을 두 다리와 평행하도록 뻗는다. 배꼽을 긴장시켜 허벅지, 복부, 배근을 확실히 단련하고, 핵 근육으로 상체를 지지하듯이 유지한다. 호흡은 편안히 실시한다.

Section 11

4 핵을 단련하여 기초대사를 높인다

생활에서 보통 사용하지 않는 핵을 단련하는 포즈를 중심으로 기초대사를 높이는 코스. 매일 지속하여 지방이 잘 연소되는 체질로 바꿔보자.

1) 허벅지·하복부·복근 트레이닝

다리를 뻗을 때에는 숨을 내쉬고 되돌아올 때 숨을 들이마신다. 어깨의 힘을 빼고 골반이 좌우로 넘어지지 않도록 한다.

① 똑바로 누워 골반을 중립상태로 유지한다.
② 허리 아래에 주먹 하나 들어갈 정도로 허리를 띄운다.
③ 골반이 흔들리지 않도록 주의하면서 한쪽 다리를 굽혀 들어올린다. 어깨에 힘이 들어가지 않도록 주의한다.
④ 숨을 내쉬면서 굽혔던 다리를 앞으로 뻗고 자세 ③으로 숨을 들이마시면서 되돌아온다. 반대쪽도 같은 요령으로 실시한다.

2) 허벅지·다리 전체를 날씬하게!

다리를 확실히 펴고 골반이 흔들리지 않도록 한다.

① 똑바로 누워 중립상태를 취한다. 다리를 뻗어 임프린트가 되지 않도록 주의한다.
② 천천히 다리를 돌린다. 무릎을 굽히지 않도록 주의하면서 발끝으로 예쁘게 원을 그린다. 호흡은 편안히 하면서 실시하고 골반이 흔들리지 않게 주의한다.

3) 체간부와 머리를 단련한다

다리와 손의 움직임이 어려우므로 반복하여 연습한다. 손끝과 팔을 확실히 펴고 골반이 흔들리지 않도록 한다.

① 똑바로 누워 두 팔과 다리를 뻗고 무릎은 굽힌다. 골반은 중립자세를 유지한다.

② 숨을 내쉬어 천천히 한쪽 팔과 다리를 뻗는다. 처음은 우측 팔과 다리를 내리고, 좌측 팔과 다리를 들어올린다(마찬가지로 같은 방향으로 움직인다).

③ 숨을 들이마시면서 원위치로 되돌아온다. 비교적 강도가 약하므로 핵 근육을 의식하며 중립상태를 유지한다.

④ 숨을 내쉬면서 좌측 팔과 다리를 내리고 우측 팔과 다리를 위로 뻗는다. 손끝과 발끝으로 잡아당기는 느낌으로 실시한다. 숨을 들이마시면서 자세 ③ 상태로 되돌아온다.

⑤ 이번에는 우측 팔은 올리고 다리는 내린다(올린 팔과 반대쪽 다리를 올린다). 숨을 내쉬면서 다리를 뻗어 올리고 숨을 들이마시면서 자세 ③으로 되돌아온다. 손끝과 발끝을 멀리 뻗는 이미지로 실시한다.

⑥ 숨을 내쉬면서 좌측 팔을 들어올리고 다리는 내린다(올린 팔과 반대쪽 다리를 올린다). 숨을 내쉬면서 뻗어 들이마시면서 되돌아온다. 단 단순히 올리고 내리는 것이 아니라 멀리 뻗는 느낌으로 실시할 것

4) 배면 전체를 단련하여 뒷모습 미인으로!

팔을 뻗을 때에는 멀리 있는 버튼을 누르는 이미지로 실시한다. 견갑골이 지나치게 움직이지 않도록 한다. 배근, 팔, 다리, 엉덩이, 허벅지와 배면 전체를 사용하여 상체가 좌우로 흔들리지 않도록 한다.

① 먼저 팔 동작부터 연습한다. 배꼽을 끌어올리면서 상체를 약간 띄워 숨을 들이마시면서 우측 팔을 올리면서 뻗고, 내쉬면서 되돌아온다.

② 이번에는 좌측 팔을 숨을 들이마시면서 올려 뻗고 내쉬면서 되돌아온다. 견갑골이 너무 움직이지 않도록 주의하고 팔을 올린다는 느낌보다는 멀리 있는 버튼을 누르는 이미지로 팔을 뻗도록 한다.

③ 다리 연습 : 두 다리를 약간 띄워 배꼽을 긴장시킨다.

④ 숨을 들이마시면서 우측 다리를 바깥으로 들어올리면서 뻗고 내쉬면서 우측 다리를 내린다. 다음은 좌측 다리. 숨을 들이마시면서 좌측으로 들어올리면서 뻗고 내쉬면서 되돌아온다. 엉덩이 근육, 배꼽, 핵 근육을 사용하여 상체가 뜨지 않도록 안정시킨다.

⑤ 두 팔과 다리를 동시에 실시하는 연습이다. 상체와 다리를 약간 띄운다. 우측 팔과 좌측 다리를 숨을 들이마시면서 멀리 뻗고 내쉬면서 되돌아온다.

⑥ 숨을 들이마시면서 좌측 팔, 우측 다리를 뻗은 후 숨을 내쉬면서 되돌아온다. 대각선 팔과 다리가 서로 당겨지도록 한다. 견갑골, 배근, 엉덩이, 배꼽에 의식을 집중시켜 실시할 것

5) 하복부를 중심으로 복근을 단련한다

골반을 중립상태로 유지하여 허리가 젖혀지지 않도록 복근을 충분히 사용한다. 무릎을 굽히지 않도록 하는 것이 중요하다. 보기보다 힘들므로 충실히 실시할 것

① 똑바로 누워 골반을 중립상태를 취한다.

② 다리를 바닥에서 45도 정도 각도로 올려 유지한다. 무릎을 굽히지 않도록 하고 다리는 약간 허벅지를 양측으로 벌린다. 호흡은 편안히 지속하고 골반은 중립상태를 유지한다.

③ 다리를 바닥에서 15도 각도 정도 위치까지 내린다. 호흡은 편안히 실시하고 복근을 사용하고 있음을 확인한다. 배꼽을 긴장시켜 허리가 젖혀지지 않도록 주의한다.

6) 복직근을 단련하여 대사율을 높이고 배변을 좋게 한다

　태아모양을 한 운동. 다리를 뻗을 때 배근을 젖히지 않고, 극력견에 힘이 들어가지 않도록 주의한다.

① 팔꿈치를 붙이고 복사뼈와 복사뼈, 무릎과 무릎을 붙여 세운다.
② 붙인 무릎을 이마로 당겨 태아가 뱃속에 있는 자세를 취한다.
③ 천천히 숨을 들이마시고 내쉬면서 배근을 뻗어 무릎을 90도로 한 단계 내린다.
④ 숨을 들이마시고 내쉬면서 다시 한 단계 다리를 내린다. 바닥과 발꿈치 사이는 20cm 정도의 공간을 두고 띄운다. 무릎은 90도 직각으로 굽히고 배에 힘을 주고 버틴다.
⑤ 숨을 내쉬고 배꼽을 긴장시켜 다리를 뻗는다. 다리도 배근도 똑바로 뻗어 허리가 젖혀지지 않도록 그대로 유지하여 숨을 들이마시고 내쉬면서 자세 ② 상태를 만든다.

5 여성의 매력을 높이는 부위를 단련한다

　예쁜 여성이 되는 과정으로 가슴, 얼굴, 허리, 두 팔, 다리 등 여성의 매력이 돋보이도록 신경 쓰이는 부위를 조정하는 프로그램. 이 코스를 완벽하게 소화하면 누구나 다시 돌아볼 매력녀가 될 것이다.

1) 보기 좋은 가슴으로! 옆구리 살 제거에 효과적!

　선 상태에서 중립상태를 취하고, 손을 합장하여 흉근이 움직이고 있음을 의식하면서 옆구리를 긴장시킨다.

① 양발을 허리 넓이로 벌리고 발끝은 정면을 향한다. 선 상태에서 중립상태를 유지하면서 가슴 앞에서

손을 합장하여 바닥을 서로 민다.

② 숨을 내쉬면서 손을 위로 올린다. 손바닥끼리 흉근을 사용하여 서로 민다. 같은 자세를 유지하고 그대로 천천히 손을 정수리까지 올린다.

③ 힘이 풀리기 쉬우므로 옆구리를 긴장시켜 가슴을 아래에서 끌어올리는 느낌으로 확실히 편다. 어깨와 팔꿈치를 내려 자세 ②→①로 천천히 되돌아간다.

2) 이중턱 해소, 목선을 아름답게

턱을 내밀듯이 하여 평소 사용하지 않는 근육을 의식하여 스트레칭을 실시한다.

① 무릎을 세우고 앉아 손을 뒤에 짚고, 천천히 턱을 뒤로 젖힌다. 턱 아래 근육을 긴장시킨다.

② 천천히 우측을 향하여 호흡은 편히 실시한다. 꺾이는 곳까지 최대한 비튼다.

③ 좌측. 수근이 길어지고 있음을 의식하면서 평소 사용하지 않는 근육을 자극한다.

3) 복근을 단련하여 등도 아름답게

집중적으로 복근을 단련하는 것 외에 척추를 비스듬히 하는 포즈. 핵 근육을 이용하여 골반을 쓰러뜨리고자 의식하면서 척추 하나하나를 움직이는 의미지로 실시한다.

① 손바닥을 무릎 위에 올리고 배근을 펴고 앉는다.

② 숨을 들이마시고 내쉬면서 허리를 당기고 배꼽을 끌어올리는 느낌으로 천천히 뒤로 쓰러진다.

③ 상반신으로 영문 C자를 만든다. 복부를 도려내듯이 힘을 준다. 그 상태에서 숨을 들이마시고 내쉬면서 천천히 정수리가 잡아당겨지듯이 자세 ②→① 상태로 천천히 상체를 일으킨다.

4) 옆구리·팔·하복부 단련!

복부에 의식을 집중하여 천천히 실시한다. 어깨에 힘이 들어가기 쉬우므로 주의한다. 다리를 뻗고 실시하면 강도가 증가하므로 가능한 사람은 다리를 뻗고 시도해보자.

① 팔을 가슴 앞에서 겹치고 배꼽을 끌어올린다.

② 숨을 들이마시고 내쉬면서 천천히 C-Curve를 만든다.

③ 숨을 내쉬면서 좌측으로 비스듬히 아래로 상체를 비튼다. 무릎끼리 떨어지지 않도록 숨을 천천히 들이마시면서 자세 ②로 되돌아온다.

④ 숨을 내쉬면서 우측으로 비스듬히 아래로 상체를 비튼다. 숨을 들이마시고 천천히 중앙으로 되돌아온다. 숨을 내쉬면서 천천히 상체를 일으킨다.

5) 날씬한 팔뚝 만들기

양팔로 모든 체중을 지탱한다. 엉덩이를 내릴 때에 엉덩이에 체중이 실리지 않도록 할 것. 호흡 타이밍을 바꾸어 강도를 높여본다.

① 무릎을 세우고 앉아 양손바닥으로 바닥을 짚는다.

② 세운 무릎으로 엉덩이를 들어올려 양 팔로 전신을 지지하고, 전 체중이 양팔에 실리도록 한다.

③ 숨을 내쉬면서 천천히 팔꿈치를 뒤로 굽히고 엉덩이를 내려 매트에 붙인다. 엉덩이에 체중이 실리지 않도록 주의하고 숨을 들이마시면서 천천히 자세 ②로 되돌아온다.

6) 종아리를 날씬하게

종아리를 사용하여 숫자를 20까지 쓴다. 보기보다 힘들지만 무릎을 굽히지 않도록 주의한다. 골반이 흔들리지 않도록 하고 호흡은 편안히 실시한다.

7) 힙업·뒷모습 미인으로

엉덩이에 의식을 집중하여 다리를 바닥에 닿지 않도록 주의하면서 발끝을 멀리 뻗는다.

① 엎드려 눕는다.

② 배꼽을 끌어올리고 두 다리를 위로 약간 들어올린다.

③ 숨을 내쉬면서 다리를 멀리 뻗어 올리고 들이마시면서 되돌아온다. 두 다리가 바닥에 닿지 않도록 주의하면서 엉덩이에 의식을 집중시키고 배꼽을 끌어올려 엉덩이 전체를 단련한다.

④ 다리도 실시한다. 숨을 내쉬면서 올리고 들이마시면서 되돌아온다.

8) 긴장한 허리로 팔 전체도 날씬하게!

전신을 올렸을 때 머리에서 발끝까지 일직선이 되도록 만들 것. 다리의 힘이 아니라 핵에 힘을 주어 전신을 똑바로 유지하도록 한다. 허리를 내릴 때에는 천천히 되돌아온다.

1 손을 짚고 옆으로 눕는다. 호흡은 편안히 지속한다. 두 다리를 붙이고 허리를 띄운다. 호흡은 편안히 하면서 허리의 힘을 사용하여 팔을 들어올린다.

2 팔을 위로 올려 뻗으면서 몸을 일직선으로 만든다. 배꼽을 긴장시켜 허리가 굽지 않도록 허리의 힘으로 상체를 유지한다. 몸, 손끝, 발끝에서 정수리까지 일직선이 되도록 의식한다. 천천히 허리를 내리고 반대쪽도 같은 요령으로 실시한다.

실버 스트레칭 트레이닝

Section 12

1 준비운동 Ⅰ

■ 효능 : 배중전체와 고관절을 풀어주고 전신을 안정시킨다.

1 발을 어깨 넓이로 벌리고 발끝을 정면으로 향하도록 하고 팔(八) 자가 되지 않도록 한다. 발끝과 뒤꿈치를 똑바로 세우고 선다. 머리끝부터 위로 늘리는 이미지로 배근을 펴주는 노력을 한다. 엉덩이를 세우지 않도록 복부를 의식하고 어깨에 힘을 뺀다.

2 숨을 들이쉬고 내쉬면서 머리의 끝부터 몸을 앞으로 숙인다.

3 완전히 숙이면 머리의 무게로 배골을 펴주듯이 깊은 호흡을 3회 행한다.

4 양팔을 벌리고 팔을 좌우로 스윙한다. 이 동작을 10회 반복한다.

2 준비운동 Ⅱ

■ 효능 : 배골과 다리의 가랑이를 펴준다. 머리와 어깨가 뭉친 것을 풀어주고 냉증과 생리불순을 개선한다.

1 머리위로 손을 깍지 끼고 숨을 들이쉬면서 배근을 펴준다.

2 숨을 내쉬면서 몸을 천천히 오른쪽으로 기울인다.　3 숨을 들이쉬면서 천천히 되돌아온다.

4 숨을 내쉬면서 왼쪽으로 기울인다.

5 숨을 들이쉬면서 천천히 되돌아온다.

6 숨을 내쉬면서 앞으로 기울인다.

Section 12

3 골반을 풀어주는 운동 Ⅰ
■효능 : 딱딱해진 골반 주변을 부드럽게 풀어주고 내장을 강화시키며 요통을 예방한다.

1 무릎을 구부려 앉아 허벅지 뒤로 손을 깍지 낀다. 들이쉬면서 배근을 펴준다.

2 숨을 내쉬면서 좌골의 뒤에 체중을 두고 숨을 들이쉬면서 본래 자세로 되돌아온다. 호흡에 맞추어 동작을 8회 반복한다.
〈포인트〉 부담을 주지 않도록 천천히 행한다.

4 골반을 풀어주는 운동 Ⅱ
■ 효능 : 골반을 풀어주고 전신을 안정시킨다. 생리불순과 생리통을 개선한다.

1 발바닥을 모아서 앉아 손을 발목에 둔다. 숨을 크게 한 번 들이쉬고 내쉬면서 좌골의 뒤에 체중을 두고 숨을 들이쉬면서 골반을 앞으로 기울인다.

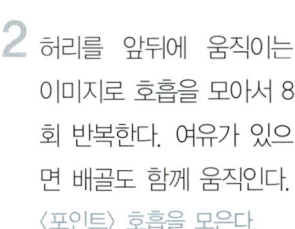

2 허리를 앞뒤에 움직이는 이미지로 호흡을 모아서 8회 반복한다. 여유가 있으면 배골도 함께 움직인다.
〈포인트〉 호흡을 모은다.

5 고관절을 풀어주는 운동(개구리 자세)

■ 효능 : 몸의 무게를 이용하여 고관절을 부드럽게 해주며 엉덩이를 당겨준다.

1 바르게 자세를 잡는다.

2 양쪽 무릎을 벌리고 손으로 걷는 듯이 골반을 앞으로 내밀어준다. 이 상태로 발을 뒤로 모아 개구리와 같은 동작을 취한다.

3 양손으로 상반신을 지탱하고 얼굴을 천정으로 향하게 한다. 이 상태로 3회 호흡하고 천천히 본래 자세로 되돌아온다.

〈포인트〉 통증을 느끼지 않을 정도까지 유지한다.

6 요통을 예방하는 운동(고양이 자세)

■ 효능 : 골반과 허리 전체를 풀어주고 상반신의 유연성을 높이며 신체의 대사 기능을 높여준다. 팔뚝 살을 당겨준다.

1 바르게 앉아 상반신을 앞으로 숙이고 양손을 앞으로 내밀고 바닥에 머리를 댄다.

2 숨을 들이쉬면서 네발로 엎드린다.

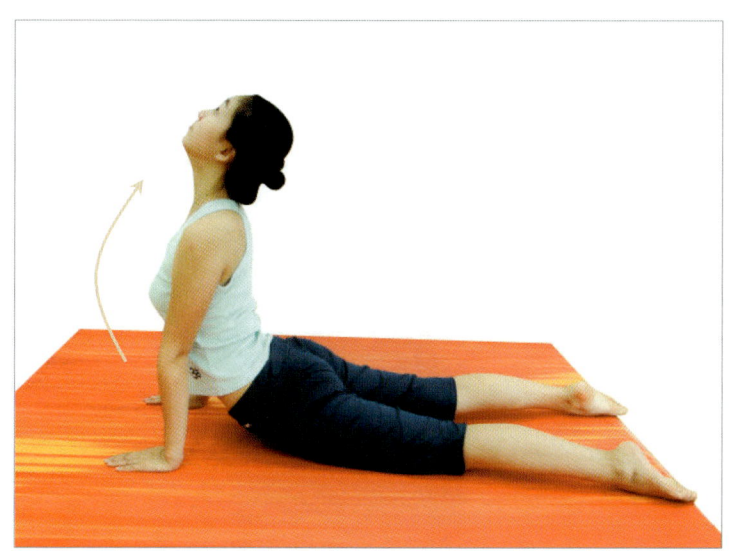

3 손은 움직이지 않고 숨을 내쉬면서 상반신을 젖힌다.
〈포인트〉 호흡은 천천히 행한다.

4 숨을 들이쉬면서 본래 상태로 되돌아오며 내쉬면서 엉덩이를 발뒤꿈치에 댄다. 호흡에 맞추어 이 동작을 4회 반복한다.

7 회전운동

■ 효능 : 좌우의 고관절의 기울어짐을 바로 잡아주고 냉증을 개선한다.

1 다리를 편안하게 벌리고 앉아 숨을 들이쉬면서 배근을 똑바로 펴준다.
〈포인트〉 골반을 수직으로 유지한다.

2 숨을 내쉬면서 골반을 오른쪽으로 90도로 회전시킨다.

3 숨을 들이쉬면서 되돌아오고 숨을 내쉬면서 왼쪽도 같은 방법으로 행한다.

4 숨을 들이쉬면서 되돌리고 반복한다. 앞으로 숙여지지 않도록 신경을 쓰고 4회 반복한다.

8 허리·골반 돌리기 운동

■ 효능 : 골반 주변의 근육을 풀어주고 상반신의 기울어짐을 똑바로 해준다.

1 다리를 어깨 넓이로 벌리고 발끝과 발뒤꿈치를 똑바로 세운다. 호흡은 자연스럽게 하며 골반을 오른쪽으로 천천히 돌린다.

2 여유가 생기면 허리의 무게를 사용하며 골반을 크게 돌린다. 왼쪽도 같은 방법으로 10회 반복한다.
〈포인트〉 가능한 한 크게 움직인다.

9 대퇴두골을 돌리는 운동

■ 효능 : 다리의 가랑이를 풀어주고 전신의 기능을 높여준다.

1 위를 향해 누워서 양손을 펴고 어깨 넓이로 벌린다. 양팔꿈치로 상반신을 지탱한다.

2 다리의 힘을 빼고 뒤꿈치의 위치를 움직이지 않고 허리부터 오른쪽으로 상반신을 회전시킨다.

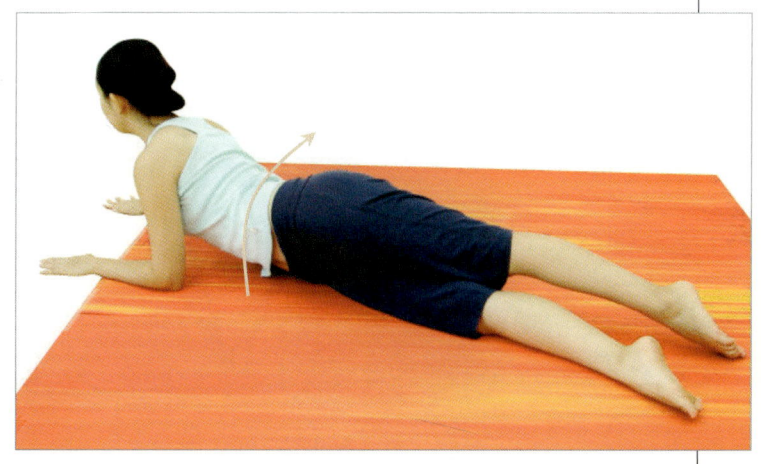

3 가랑이를 돌리는 것을 의식하면서 같은 방법으로 왼쪽도 행한다. 이 동작을 8회 반복한다.
〈포인트〉 다리의 힘을 뺀다.

10 무릎 관절을 풀어주는 운동

■ 효능 : 다리 전체의 기울어짐을 잡아주고 걷는 방법의 버릇을 고친다. 하반신의 혈행을 좋게 하며 냉증을 개선한다.

1 발가락 앞부분과 뒤꿈치를 모으고 똑바로 선다. 무릎을 가볍게 구부려 손은 무릎 위에 올린다.

2 등을 조금 구부리고 꼬리뼈를 아래로 펴준다. 복부의 힘으로 몸을 지탱한다. 양쪽 무릎은 바깥쪽으로 돌리고 안쪽으로 돌린다. 각각 10회 행한다.
〈포인트〉 꼬리뼈를 아래로 펴준다.

3 양쪽 무릎을 모으고 같은 방향으로 돌린다. 오른쪽으로 돌리고 왼쪽으로 돌리는 동작을 각각 10회 행한다. 호흡은 자연스럽게 행한다.

11 골반 들어올리기 Ⅰ

■ 효능 : 골반을 똑바로 유지하기 위해서 근력을 키운다. 냉증과 피부질환을 개선한다.

1 위를 향해 누워 가볍게 무릎을 구부린다. 다리를 허리 넓이로 벌리고 손바닥을 바닥에 댄다.

2 숨을 들이쉬면서 골반을 천천히 위로 똑바로 들어올리고 내쉬면서 천천히 내려온다. 이 동작을 3회 반복한다.

12 골반 들어올리기 Ⅱ

■ 효능 : 골반을 똑바로 유지하기 위해 근력을 키운다. 냉증과 피부질환을 개선한다.

1. 위를 향해 누워서 가볍게 무릎을 구부린다. 오른쪽 무릎을 바깥쪽으로 벌리고 기울인다. 가볍게 구부린 왼쪽 다리의 발목에 오른발 뒤를 댄다.

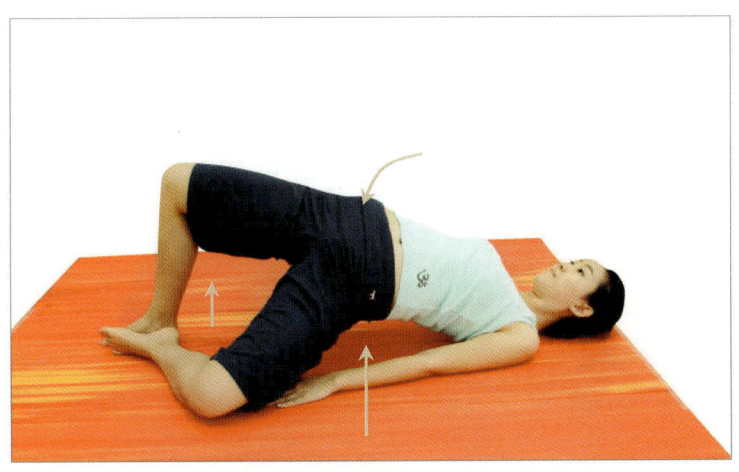

2. 숨을 들이쉬면서 골반을 천천히 들어올리고 숨을 내쉬면서 천천히 되돌린다. 이 동작을 3회 반복한다. 반대 측도 같은 방법으로 3회 반복한다.
〈포인트〉 양쪽 어깨가 바닥에서 떨어지지 않도록 한다.

13 골반 들어올리기 Ⅲ

■ 효능 : 골반을 똑바로 유지하기 위해 근력을 키운다. 냉증과 피부질환을 개선한다.

1 위를 향해 누운 다음 가볍게 무릎을 구부려 오른쪽 다리의 무릎을 세운다. 왼쪽 다리를 구부려 발목을 오른쪽 무릎 위에 올린다.

2 숨을 들이쉬면서 골반을 똑바로 천천히 들어 올린 뒤 숨을 내쉬면서 천천히 내린다. 반대 측도 같은 방법으로 이 동작을 3회 행한다.
〈포인트〉 골반은 위로 똑바로 들어올린다.

14 의자를 사용하여 골반 돌리기

■ 효능 : 골반에서 상반신 전체를 풀어주고 요통과 어깨 결림을 해소한다.

1 뒤꿈치가 무릎 바로 아래 오도록 의자 끝에 배근을 펴고 앉는다.

2 양손을 무릎에 두고 골반을 오른쪽으로 천천히 돌린다.

3 골반의 가동역을 최대한까지 사용한다.

15 허리 비틀기 운동

■ 효능 : 등의 견관절을 풀어주고 허리를 조여주며 내장을 강화한다.

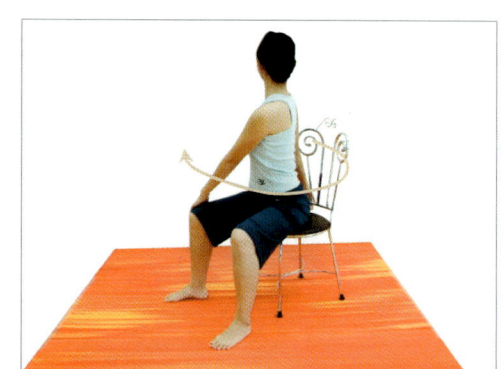

1 뒤꿈치가 무릎 바로 아래 오도록 의자 끝에 배근을 펴고 앉는다.

2 숨을 들이쉬면서 등을 똑바로 펴주고 배골을 똑바로 펴주며 상체를 앞으로 기울여 양팔을 벌린다. 숨을 내쉬면서 허리를 오른쪽으로 비틀고 양손을 상하로 벌린다.

3 숨을 내쉬면서 되돌리고 왼쪽도 같은 방법으로 반복한다. 이 동작을 좌우로 4회 행한다.
〈포인트〉 내쉬는 숨에 맞추어 비틀어준다.

Section 12

16 무릎을 앞뒤로 움직이는 운동

■ 효능 : 다리를 조여주고 예쁜 걸음걸이를 만들어준다. 골반의 균형을 잡아준다.

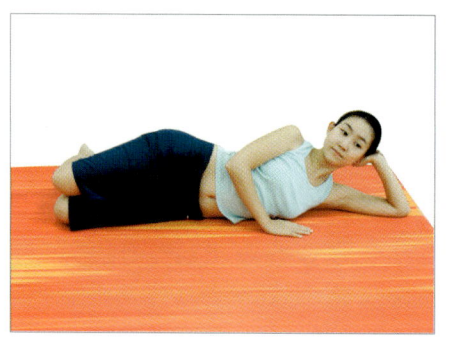

1 몸의 왼쪽으로 돌려 옆으로 눕는다. 2개의 요골이 상하수직이 되도록 발을 겹쳐 양쪽 무릎을 직각으로 구부린다.

2 왼손으로 머리를 지탱하고 오른손은 가슴 앞에 두고 몸을 지탱한다.
〈포인트〉 요골은 바닥과 수직이 되게 한다.

3 무릎을 구부린 상태로 오른발을 앞으로 내민다. 허리의 위치를 바꾸지 않도록 무릎을 뒤로 찬다. 이 동작을 4회 반복한다. 반대 측도 같은 방법으로 행한다.

17 다리 내측을 단련하는 운동

■ 효능 : 다리의 내측 근육을 단련하고 허벅지, 발목, 옆구리를 조여준다.

1 왼손으로 머리를 지탱하고 오른손을 가슴 앞에 두고 몸을 지탱한다. 두 개의 요골이 상하수직이 되도록 다리를 모으고 오른발을 무릎을 구부려 앞으로 내민다.

2 왼쪽다리를 펴고 위로 끌어올려 천천히 내린다. 이 동작을 8회 반복한다. 아래 다리의 허벅지 근육을 의식하면서 멀리 펴도록 들어올리고 반대 측도 같은 방법으로 8회 반복한다.

〈포인트〉 다리에 쓸 데 없는 힘을 넣지 않는다.

3 여유가 있는 경우는 왼쪽다리를 펴준 상태로 오른손으로 오른쪽 다리를 잡는다.

4 왼쪽 다리를 위로 잡아 올리고 천천히 내린다.

Section 12

18 복근 강화 운동

■ 효능 : 복근의 중심을 단련한다. 내장의 움직임을 강화하고 변비를 해소한다.

1 위를 향해 누워 발바닥끼리 모은다. 무릎을 바깥쪽으로 벌리고 머리 뒤로 손을 깍지 낀다.

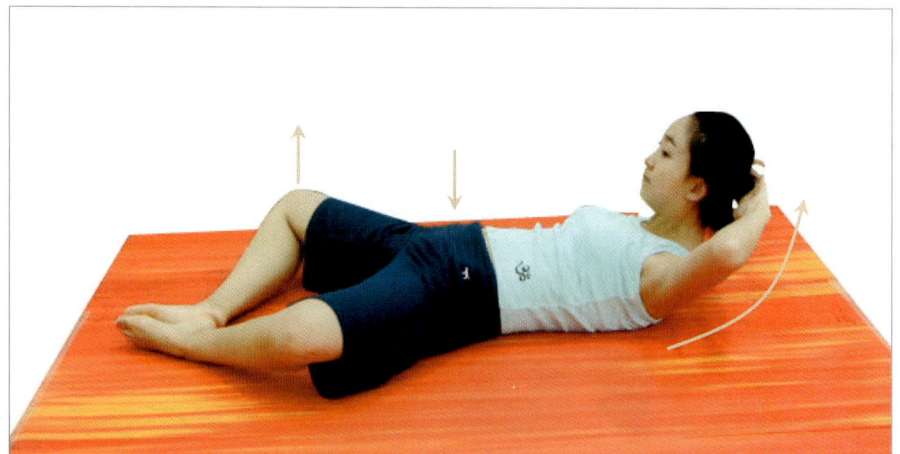

2 팔꿈치를 벌린 상태로 상반신을 견갑골까지 들어 올린다. 배꼽을 펴는 이미지로 동작을 10회 반복한다.

〈포인트〉 복부의 표면을 들어가게 하면서 상체를 일으킨다.

19 복직근 트레이닝

■ 효능 : 복직근(복부 위의 근육)을 단련하여 복부 주변의 지방을 해소한다.

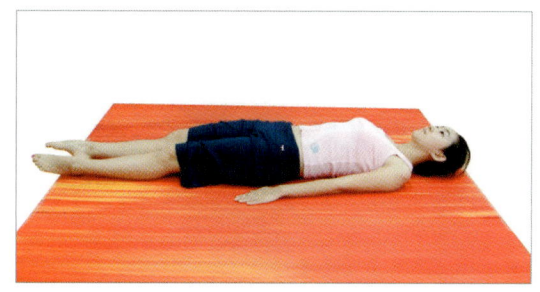

1 위를 향해 누워 다리를 펴준다.

2 한번 숨을 내쉬고 숨을 들이쉬면서 오른쪽 무릎과 이마를 당긴다.
〈포인트〉 복부의 표면이 들어가도록 의식한다.

3 반대로 다리를 잡고 숨을 내쉬면서 왼쪽 무릎과 이마를 당긴다. 호흡에 맞추어 4회 반복한다.

20 다리를 감싸 안는 스트레칭

■ 효능 : 고관절의 유연성을 높이고 하반신의 대사를 높여준다.

1 위를 향해 누워 무릎을 세운다.

2 오른쪽 다리를 왼쪽 다리 무릎 위에 올린다.

3 뒤꿈치가 조금 나오도록 하여 손으로 왼쪽 허벅지 뒤를 잡고 복부에 힘을 준다. 엉덩이뼈가 바닥에 닿도록 펴주면서 천천히 3회 호흡한다.
〈포인트〉 엉덩이뼈를 바닥에 대고 펴준다.

21 정리운동 Ⅰ

■ 효능 : 허리 뒤를 펴고 쿨다운. 내장을 마사지하고 냉증과 요통을 개선한다.

1 왼쪽 다리를 위로 올리고 다리를 꼰다. 양손을 벌리고 손바닥을 바닥에 댄다.

2 한번 들이쉬고 내쉬면서 양쪽 다리를 오른쪽으로 기울이며 들이쉬면서 되돌린다. 내쉬면서 다음은 양쪽 다리를 왼쪽으로 기울인다.

3 숨을 들이쉬면서 되돌아온다. 이 동작을 2회 반복한다. 다리를 꼬고 반대편도 같은 방법으로 행한다.

22 정리운동 Ⅱ

■ 효능 : 전신 근육을 펴주고 요통과 냉증을 개선해준다.

1 허리를 기분 좋게 펴준다. 왼쪽 다리를 대각선 앞으로 펴주고 오른쪽 다리를 몸 쪽으로 기울인다. 왼손은 앞으로 오른손은 엉덩이 뒤로 둔다.

2 숨을 들이쉬면서 몸을 오른손으로 비틀고 내쉬면서 상반신을 젖힌다. 자세를 유지하면서 자연호흡을 3회 행한다.

3 숨을 들이쉬면서 되돌아오고 다리를 바꾸고 반대측도 같은 방법으로 행한다.

참고문헌

권중돈(2007), 『노인복지론』, 학지사.
김선화·이동희·박종철(2007), 『U-IT 실버복지산업의 현재와 미래』, 푸른 미래.
김선희(2007), 「노인복지시설 종사자들의 여가태도, 여가만족과 조직유효성의 인과모형에 관한 연구」, 『한국스 포츠리서치』 18권 3호(102), 105-116.
김숙응·이의훈(2007), 『실버산업의 이해』, 형설출판사.
김영희(2006), 「실버타운 서비스 품질 향상에 관한연구」, 관동대학교 산업정보대학원, 석사학위논문.
김은지(2003), 일본 정부의 고령사회 대책 추진 현황과 한국에의 시사점.
김정혜·김애정·김현실·백훈정·백성희(2005), 『노인 간호와 복지』, 정담미디어.
김혁출(2007), 「노인의 생활체육 참여와 신체이미지 및 자아존중감에 관한 연구」, 『한국스포츠리서치』 18권 6 호(105), 255-264.
김홍식·추일승·김공(2007), 「실버 재활마사지 활성화 전략 방안-환경(swot)분석」, 『한국스포츠리서치』 18권 3호(102), 351-360.
김희숙(2006), 「노인종합복지관의 프로그램개선 방안에 관한 연구」, 서울시립대학교 도시과학대학원 석사학위논문.
노인문제연구소(2004), 「실버산업의 활성화 정책에 관한 연구」, 통권 제 30호.
박경란 외(2003), 「김해지역 실버센터를 위한 서비스 프로그램 개발」, 『인제대학교 김해발전연구소논문집』, 6(1).
박영준·김선희(2006), 「노인복지시설 종사자의 여가태도, 여가제약 그리고 서비스질의 인과모형에 관한 연구」, 『한국스포츠리서치』 17권 5호(98), 129-140.
박차상(2005), 『한국노인복지론』, 학지사.
보건복지부(2005), 「고령화친화사업 활성화 전략」.
삼성경제연구소(2004), 「고령화 사회의 도래에 따른 기회와 위협」.
성낙훈·백진우(2007), 「여가활동 참여와 사회적 지지, 자아존중감 그리고 스트레스의 관계-서울소재 노인 복지관 참여 노인을 대상으로」, 『한국스포츠리서치』 15권 1호(82), 466-474.
소준영(1998), 「노인종합복지관건축의 공간구성계획에 관한 연구」, 홍익대학교 대학원 박사학위논문.
신범철, 육조영(1998), 「Sports Massage의 시술자세와 촉진에 관한 연구」, 『한국스포츠리서치』 9(1).
신윤호·설민신(2007), 「여가 및 건강관련 실버용품기업 마케팅 활성화를 위한 시장세분화 전략 방안」, 『한국 스포츠리서치』 14권 6호(81), 579-590.
유순근(2006), 「한국 노인복지정책의 현황과 개선방안」, 가야대학교 행정대학원 석사학위논문.

유연주(2007), 「노인복지회관을 이용하는 여성노인들의 생활 체력에 대한 연구」, 『한국스포츠리서치』 18권 3호(102), 65~74.
육조영(1992), 『스포츠 마사지와 치료방법론』, 도서출판 홍경.
육조영(1998), 『스포츠 마사지론』, 도서출판 홍경.
육조영(1998), 「운동후 Stretching과 Sports Massage가 피로회복에 미치는 영향」, 『한국스포츠리서치』 9(2).
육조영(1999), 『발관리요법』, KSIDI 출판부.
육조영(1999), 『수면요법』, KSIDI 출판부.
육조영(1999), 『피부마사지 요법』, KSIDI 출판부.
육조영 외(1991), 『스포츠 마사지와 운동요법』, 도서출판 홍경.
육조영·김명기·이윤근·임정일·김석일·김희선(2000), 『스포츠 마사지학』, 도서출판 홍경.
은천노인복지회(2000), 『노인복지를 위한 데이케어프로그램 연구』, 홍익재.
이규중·김병완·이경희·김창환(2007), 「10주간의 스트레칭과 덤벨 운동이 노인여성의 신체조성과 체격, 피하지방, 혈중지질 및 내분비계에 미치는 영향」, 『한국스포츠리서치』 18권 6호(105), 1009-1016.
이세호(2006), 「실버계층의 여가제약과 생활체육참가의 관계」, 『한국스포츠리서치』 17권 1호(94), 393-402.
이영익(2007), 「노인의 운동행동 변화단계에 따른 의사결정 균형, 지각된 건강상태」, 『한국스포츠리서치』 18권 6호(105), 265-276.
이인수(1997), 『노인주거와 실버산업』, 하우.
이인수(2004), 『21세기 국내외 노인복지와 실버산업』, 대왕사.
이인수(2006), 『실버산업의 전망과 과제』, 대왕사.
이혜경(2004), 「노인복지를 위한 실버사업의 활성화 방안」, 충북대학교 행정대학원 석사학위논문.
장세철(2006), 『노인복지』, 교문사.
정옥분(2008), 『노인복지론』, 학지사.
최병옥(2007), 「노인 여성과 젊은 여성의 균형에 관한 연구」, 『한국스포츠리서치』 18권 6호(105), 235-242.
최순남(2005), 『현대노인복지론』, 법문사.
통계청(2000), 『한국통계연감』.
통계청(2005), 『경제활동인구조사 부가조사(고령층) 결과』.
통계청(2005), 『장래인구 특별 추계』.
한국방송공사(2006), 『실버세대조사』.
현외성 외(2005), 『실버산업론』, 학현사.
홍계희(2007), 「노인을 위한 레크리에이션 프로그램 사례연구」, 『한국스포츠리서치』 18권 6호(105), 243-254.
홍미성(2007), 「실버세대의 태권무 참여가 자아존중감 및 여가만족에 미치는 영향」, 『한국스포츠리서치』 18권 5호(104), 663-664.

Antoni, M.H., Goodkin, K., Goldstein, V., Laperriere, A., Ironson, G., & Fletcher, M.A.(1991), "Coping responses to HIV-1 sorostatus notification predict short-term affective distress and one year immunologic status in HIV-seronegative and seronegative gay men [Abstract]", *Psychosomatic Medicine*. 53, 227.

Arkko, P.J., Pakarinen, A.J., & Kari-Koskinen, O.(1983), "Effects of whole body massage on serum protein, electrolyte and hormone concentrations, enzyme activites, and hematological parameters", *International Journal of Sports Medicine*. 4, 265-267.

Armstronh, R.B., Warren, C.L., & Wyatt, F.(1989), "The effects of massage treatment on exercise fatique", *Clinical Sports Medicine*. 1, 189-196.

Balnave, C.D., & Thompson, M.W.(1993), "Effects of training on eccentric exercise-induced muscle damage", *Journal of Apple Applied Physiology*. 75, 1545-1551.

Barbach, L.(1983), "For Each Other Doublenday Anchor Press.

Barlow, A., Clarke, R., Johnson, B., Seabourne, D., Thomas, & Gal, J.(2004), "Effect of massage of the hamstring muscle group on performance of the sit and reach test", *Br. J. Sports Med*. 38, 349-351.

Barlow, Y., & Willouby, J.(1992), "Pathophysiology of soft tissue repair", *Britigh Medicine Bullitin*. 48, 698-711.

Batavia, M.(2004), "Contraindications for therapeutic massage: do sources agree?", *Journal of bodywork and movement therapies*. 8, 48-57.

Berk, L.S., Nieman, D.C., & Youngberg, W.S.(1990), "The effect of long endurance running on natural killer cells in marathoners", *Medical and Science in Sports and Exercise*. 22, 207-212.

Blalock, J.E.(1984), "The immune system as a sensory organ", *Journal of Immuniligy*. 32, 1067-1070.

Brahmi, Z., Tomas, J.E., Park, M., & Dowdeswell, I.A.G.(1985), "The effect of acute exercise on natural killer cell activity of trained sedentary human sebjets", *Journal of Allergy Clinical Immunology*. 5, 321-328.

Cafarelli, E., & Flint, F.(1992), "The role of massage in preparation for and recovery from exercise", *Sports Medicine*. 14, 1-9.

Callaghan, M.J.(1993), "The role of massge in the management of the athlete : a review", *British Jurnal of Sports Medicine*. 27, 28-33.

Carroll, K.K., Flynn, M.G., Bodary, P.F., Bushman., Choi, D.H., Weiderman, C.A., Brickmanm, T.M., Brickman, L.E., & Brolinson, B.A.(1995), "Resistance Training and immune system function of young men", *Medical and Science in Sports and Exercise*. 27, S176.

Clarkon, P.M., & Newham, D.J.(1994), "Associations between muscle soreness, damage and fatigue", *Advaned Experimental Medical Biology*. 384, 457-469.

Clarkson, P.M., & Sayers, S.P.(1999), "Etiology of exercise-induced muscle damage", *Canadian Journal of Applied Physiology*. 23, 234-248.

Corbin, L.(2005), "Safety and efficacy of massage therapy for patients with cancer", *Journal of cancer control*. 12(3), 158-164.

Crenshaw, A.G., Thornell, L.E., & Friden, J.(1994), "Intrausclular pressure, torque and swelling in the exercise-induced sore vastus lateralis muscle", *Act Physiology Scandinavian*. 152, 265-277.

Doershuckm, C.M., Allard, M.F., Lee, S., Brumawell, M.L., & Hogg, J.C.(1988), "Effect of epinephrine on neutrophil kinetics in rabbit lungs", *Journal of Applied Physiology*. 63, 401-407.

Donald E. Arwood(1989), "A system analysis of senior center structures, environments and impacts", South Dakota State University, Degree of Doctor.

Drew, T., Kreider, R., & Drinkard, B.(1990), "Effects of post-event massage therapy on repeated ultra-endurance cycling", *International Journal of Sports Medicine*. 11, 407.

Edward, A.J., Bacon, T.H., Elms, C.A., Verardi, R., Felder, M., & Knight, S.C.(1984), "Changes in the populations of lymphoid cells in human peripheral blood following physcal exercise", *Clinical Experimental Immunology*. 58, 420-427.

Eisenberg, D.M., Kessler, R.C., Foster, C., Norlock, F.E., Calkins, D.R., & Delbanco, T.L.(1993), "Unconventional medicine in the United States: Prevalence, coats and patterns of use", *New England Journal of Medicine*. 328, 246-252.

Ernst, E.(1998), "Does post-exercise massage treatment reduce delayed onset muscle soreness? A systematic review", *British Journal of Sports Medicine*. 32(3), 212-4.

Ernst, E.(2004), "Manual therapies for pain Control: Chiropractic and massge", *Clin. J. Pain*. 20, 8-12.

Esperson, G.T., Elback, A., Ernst, E., Toft, E., Kaalund, S., Jersild, C., & Grrunner, N.(1990), "Effect of physical exercise on cytokines and lymphocyte subpopulation inhnman peripherial blood", *Acta Pathology & Immunology Scandinaviam*. 98, 395.

Evans, W., & Cannon, J.(1991), "Metabolic effects of exercise-induced muscle damage", *Exercise and Sports Science Review*. 19, 125.

Faulkner, J.A., Brooks, S.V., & Opiteck, J.A.(1993), "Injury to skeletal muscle fibres during contraction : Conditions of occurrence and prevention", *Physiological Therapy*. 73. 911-921.

Ferrell-Torry, A.T., & Glick, O.J.(1993), "The use of therapeutic massage as a nursing intervention to modify anxiety and the perception of cancer pain", *Cancer Nursing*. 16, 93-101.

Ferry, A., Picard, F., Duvallet, A., Weill, B., & Rieu, M.(1990), "Changes in blood leukocyte populations induced by acute maximal and chronic submaximal exercise", *European Journal of Applied physiology*. 59, 435-442.

Field, T., Grizzle, N., Scafidi, F., & Schanberg, S.(1994), "Massge and relaxation therapies' effects on depressed mothers", *Manscript under reivew*.

Field, T., Hernandez-Reif, M., Diego, M., Feijo, L., Vera, Y., & Gil, K.(2004), "Massage therapy by parents improves early growth and development", *Infant behavior & development*. 27, 435-442.

Field, T., Morrow, C., Valdeon, C., Larson, S., Kuhn, C., & Schanberg, S.(1992), "Massage reduces anxiety in child and aldolesscent psychiatric patients", *Journal of American Academic Child and Adolescent Psychiatry*. 31, 125-131.

Fitts, R.H.(1994), "Cellulae Mechanisms of muscle fatique", *Physiololgical Review*. 74, 49-94.

Flankiln, G.A.(1993), "The role of massage in preparation for and recovery from exercise", *Sports Medicine*, 14(1).

Fraser, J., & Kerr, J.R.(1993), "Psychophysiological effects of back massage on elderly insstitutionalized patients", *Journal of Advance Nursing*. 18, 238-245.

Fulmer, J.E.(1994), "The effect of pre-performance massage on frequency in sprinters", *Atheletic Training*. 26.

Galloway, S.D.R., & Watt, J.M.(2004), "Massage provision by physiotherapists at major athletics events between 1987 and 1998", *Br. Sports Med*. 38, 235-237.

Goats, G.C.(1994), "Massage : the scientific basis of an ancient art. Part 1. Yhe techniques", *British Journal of Sports Medicine*. 28, 149-152.

Gupta, S., Goswami, A., Sadhukhan, A.K., & Mathur, D.N.(1996), "Comparative study of lactate removal in short term massage of extremities, active recovery and a passive recovery period after supramaximal exercise sessions", *International Journal of Sports Medicine*. 17(2), 106-110.

Hart, J.M., Swanik, C.B., Tierney, R.T.(2005), "Effects of sport massage on limb girth and discomfort associated with eccentric exercise", *Journal of athletic training*. 40(3), 181-185.

Hinds, T., Mcewan, I., Perkers, J., Dawson, E., Ball, D., & George, K.(2004), "Effects of massage on limb and skin blood flow after quadriceps exercise", *American college of sports medicine*.

Hoffman-Goetz, L., & Pederson, B.K.(1994), "Exercise and the immune system; a model of the stress response?", *Immunology Today*. 15, 382-387.

Howatson, G., Garze, D., & Someren, K.A.(2005), "The efficacy of ice massage in the treatment of exercise-induced muscle damage", *Scand J. Med. Sci. Sports*. 15, 416-422.

Howell, J.N., Chleboun, G., & Conatser, R.(1993), "Muscle stiffness, Strength loss, swelling and soreness following exercise-induced injury in humans", *Journal of Physiology*. 464, 183-196.

Hunt, M.E.(1990), "Physiotherapy in sports medicine. In : Torg, J.S., Welsh, P.R. & Shephard, R.G.(Eds.)", *Current Therapy in Sports Medicine*. 2, 48-50.

Hunter, A.M., Watt, J.M., Watt, V., & Galloway, S.D.R.(2006), "Effect of lower limb massage on electromyography and force production of the knee extensors", *Br. J. Sports Med*. 40, 114-118.

Ironson, G., & Field, T.(1996), "Massage therapy is associated with enhancement of the immune system's cytotoxic capacity", *International Journal of Neuroscience*. 84, 205-217.

Ironson, G., Field, T., Scafidi, F., Hashimoto, M., Kumar, A., Price, A., Goncalves, A., Burman, I., Tetenman, C.,

Patarca, R., & Fletcher, M.A.(2000), "Massage therapy is associated with enhancement of the immune system's cytotoxic capacity", *International Journal of Neuroscience*. 84, 205.

Ironson, G., Friedman, A., Klimas, N., Antoni, M., Fletcher, M.A., Laperriere, Simonneau, J., & Schniederman, N.(1994), "Distress, denial and low adherence to behavioral interventions predict faster disease progression in gay men infected with immunodeficiency virus", *International Journal of Behavior Medicine*. 1(1), 90-105.

Jane, A.D., Richard, R.M., & Sarah, E.C.(1990), "Effect of massage on serum level of β-endorphin and β-lipotropin in health adults, Physical therapy".

Jerrilyn, A., Cambron, D.C., M.P.H., Ph.D., Dexheimer, J., L.M.T., & Patrica Coe, D.C., C.M.T.(2006), "Changes in blood pressure after various forms of therapeutic massage: a preliminary study", *The journal of alternative and complement medicine*. 12(1), 65-70.

Jonhagen, S., Ackermann, P., Eriksson, T., Saartok, T., & Renstrom, P.A.F.H.(2004), "Sports massage after eccentric exercise", *Am. J. Sports Med*. 32(6), 1499-1503.

Kaye, A.D., Kaye, A.J., Swinford, J., Baluch, A., Bawcom, B.A., Lambert, T.J., & Hoover, J.M.(2008), "The effect of deep-tissue massage therapy on blood pressure and heart rate", *The journal of Alternative and complementary medicine*. 14(2), 125-128.

Kendall, A., Hoffman-Goetz, L., Houston, M., & MacNeil, B.(1990), "Exercise and blood lympocyte subset responses : intensity, duration and subject fitness effects", *Journal of Applied Physiology*. 69(1), 251-260.

Kiecolt-Glaser, J.K., Glaser, R., Strain, E., Stout, J., Messick, G., Sheppaed, S. Ricker, G., Romisher, S.C., Briner, W., Bonnell, G., & Donnerberg, R.(1985), "Psychosocial enhancement enhancement of immunocompetence in a geriatric population", *Health Psychology*. 4, 25-41.

Kiecolt-Glaser, J.K., Glaser, R., Strain, E., Stout, J., Tarr, K., Holliday, J., & Speicher, C.E.(1986), "Modulation of cellular immunity in medical students", *Journal of Behavior Medicine*. 9, 5-21.

Kuipers, H.(1994), "Exercise-induced muscle damage", *International Journal of Sports Medicine*. 15, 132-135.

Langewitz, W., Ruttiman, S., Laifer, G., Maurer, P., & Kiss, A.(1994), "The intergration of alternative treatment modalities in hiv ibfection-the patient's perspective", *Journal of Psyhosom Reserch*. 38, 687-693.

Leach, R.E.(1998), "Hyperbaric oxygen therapy in sports", *American Journal of Sports Medicine*. 26, 489-490.

Lehn, C., & Prentice, W.E.(1994), "Massage In Prentice W.E.(ed)", *Therapeutic Modalities in Sports Medicine*. St. Louis, Mosby-Year Book Inc., 335-363.

Lewis, M., & Johnson, M.I.(2006), "The clinical effectiveness of therapeutic massage for musculoskeletal pain: a systematic review", *Journal of Physiotherapy*. 92. 146-158.

Lewis, R.K.(1995), "A Physiologic evaluation of the sports massage", *Athletic Training*. 26.

Longworth, J.C.D.(1982), "Psychophysiological effects of back massage in normotensive females", *Advances Nurse

Science. 4. 44-61.

Mackinnon, L.T.(1989), "Exercise and natural killer cells: what is the relationship?", *Sports Medicine*. 7, 141-149.

Mackinnon, L.T.(1993), *Exercise & Immunology*, Champaign. IL, Human Kinetics.

Mackinnon, L.T., & Jenkins, D.G.(1993), "Decreased salivary immunoglobulins after intense internal exercise before and after training", *Medicine and Science in Sports and Exercise*. 25, 678-683.

McCarthy, D.A., Snyder, A.C., Foster, C., & Wehrenberg, W.B.(1998), "The leukocytosis of exercise, a review and model", *Sports Medicine*. 6, 333-363.

McKechnie, G.J.B., Young, W.B., & Behm, D.G.(2007), "Acute effects of two massage techniques on ankle joint flexibility and power of the plantar llexors", *Journal of Sports Science and Medicine*. 6, 498-504.

Meek, S.S.(1993), "Effects of slow stroke back massage on relaxation in hospice clients", *IMAGE: Journal of Nursing Scholarship*. 25, 17-21.

Moraska, A.(2007), "Therapist education lmpacts the massage effect on postrace muscle recovery", University of Colorado at Denver and Health Sciences Center, Denver, Co.

Mori, H., Ohsawa, H., Tanaka, T.H., Taniwaki, E., Leisman, G., & Nishijo, K.(2004), "Effect of massage on blood flow and muscle fatigue following isometric lumbar exercise", *Med. Sci. Monit*. 10(5), 173-178.

Nieman, D.C., Henson, D.A., Gusewitch, G., Warren, B.J., Dotson, R.C., Butterworth, D.E., & Nehlsen-Cannarella, S.L.(1993), "Physical activity and immune fuction in elderly women", *Medicine and Science in Sports and Exercise*. 25, 823-831.

Nosaka, K., & Clarkson, P.M.(1992), "Relationship between post-exercise plasma CK elevation and muscle mass involved in the exercise", 25. 823-831.

Nosaka, K., & Clarkson, P.M.(1992), "Relationship between post-exercise plasma CK elevation and muscle mass involved in the exercise", *International Journal of Sports Medicine*, 13(6), 471-475.

Oshida, Y., Yamanouchi, K., Hayamizu, S., & Satto, Y.(1988), "Effect of acute physical exercise on lymphocyte subpopulation in trained and untrained subjects", *International Journal of Sport Medicine*. 9, 137-140.

Pedersen, B.K., Tvede, N., Hansen, F.R., Anderen, V., Bendixen, G., Bendtzen, K., Galbo, Haahr, P.M., Klarlund, K., Sylvest, J., Thomsen, B.S., & Halkjaer-Kristensen, J.(1988), "Modulation of natural killer cell cativity in peripheral blood by physical exercise", *Scandinabica Journal of Immunology*. 27, 673.

Pedersen, B.K., Tvede, N., Klarlund, K., Christensen, L.D., Hansen, F.R., Galbo. H., Kharazmi, A., & kalkjaer-Kristensen, J.(1990), "Indomethacin in vitro and in abolishes post-exercise supperssion of natural killer cell activity peripheral blood", *International Journal of Sports Medicine*. 11, 127-131.

Prentice, W.E.(1990), "Therapeutic ultrasound In: Prentice, W.E.(Eds.). Therapeutic Modalities in Sports Medicine(3rd ed.). 255-287. St. Louis: Mosby-Yearbook.

Rinder, A.N., & Sutherland, C.J.(1995), "An investigation of the effects of massage on quadriceps performance after exercise fatigue", *Complement Therapy of Nurses and Midwifery*. 1(4), 99-102.

Robertson, A., Watt, J.M., & Galloway, S.D.R.(2008), "Effects of leg massage on recovery from high intensity cycling exercise", *Br. J. Sports Med*. 38, 173-176.

Rodenberg, J.B., Bar, P.R., & De Boer, R.W.(1993), "Realation between muscle soreness and biochemical and funcional outcomes of eccentric exercise", *Journal of Applied of Applied Physiology*. 74, 2979-2983.

Rodenburg, R.J., & Shek, P.N.(1995), "Amino acid, dieting, glycogen, muscle injury, overtraining, reactive, and species : Heavy exercise, nutrition and immune funtion", *Is there a connection. International Journal of Sports Medicine*. 16, 491-497.

Russell, M.(2006), "Massage therapy and restless legs syndrome", *Journal of bodywork and movement therapies*. 11, 146-150.

Sala Horowitz(2007), "Evidence-based indications for therapeutic massage", *Alternative & complementary therapies*. 30-35.

Schillinger, A., Koenig, D., Heafele, C., Vogt, S., Heinrich, L., Aust, A., Birnesser, H., & Schmid, A.(2006), Effect of manual lymph drainage on the course of serum levels of muscle enzymes after treadmill exercise", *Am. J. Phys. Med. Rehabil*. 85(6), 516-520.

Sellwood, K.L., Brunkner, P., Williams, D., Nicol, A., & Himman, R.(2007), "Ice-water immersion and delayed-onset muscle soreness: a randomised controlled trial", *Br. J. Sports Med*. 41, 392-397.

Seniorpartners(2006), 『한/일 시니어의 인식 및 행동 비교』.

Sherman, K.J., Cherkin, D.C., Kahn, J., Erro, J., Hrbek, A., Deyo, A.R., & Eisenberg, D.M.(2005), "A survey of training and practice patterns of massage therapists in two US states", *BMC Complementary and Alternative Medicine*. 5, 13.

Sherman, K.J., Dixon, M.W., Thompson, D., & Cherkin, D.C.(2006), "Development of a taxonomy to describe massage treatments for musculoskeletal pain", *BMC complementary and alternative medicine*. 6, 24.

Sims, S.(1986), "Slow stroke back massage for cancer patients", *Nursing Times*, 82, 47-50.

Smith, L.L.(1991), "Acute inflammation : The underlying mechanism in delayed onset muscle soreness?", *Medicine Science in Sports and Exercise*. 23, 542-551.

Smith, L.L., Keating, M.N., Holbert, D., Spratt, D.J., McCammon, M.R., Smith, S.S., & Israel(1994), "The effects of athletic massage on delayed onset muscle soreness, creatine kinase and neutrophil count: A preliminart report", *Journal of Orthopedatric in Sports Medicine and Physical Therapy*. 19, 93-99.

Smith, T.A., & Pyne, D.B.(1997), "Exercise, training and neutropil function", *Exercise Immunology Review*. 3, 96-117.

Steves, R., MEd, ATC, PT(2005), "Appraising Clinical Studies: A Commentary on the Zainuddin et al and Hart et al Studies", *Journal of Athletic Training*. 40(3), 186-190.

Tanaka, T.H., Leisman, G., Mori, H., & Nishijo, K.(2002), "The effect of massage on localized lumbar muscle fatigue", *BCM complementary and Alternative Medicine*. 2, 9.

Targan, S., Britvan, L., & Dorey, F.(1981), "Activation of human NKCC by moderate exercise : increased frequency of NK cells with enhanced capability of effector target lytic interactions", *Clinical of Experimental Immunology*. 45, 352-361.

Tharp, G.D., & Barnes, M.W.(1990), "Reduction of salva immunoglobin levels by swim training", *European Journal of Applied Physiology*. 60, 61-64.

Tiidus, P.M.(1997), "Manual massage and recovery of muscle funtion following exercise : A lietrature review", *Journal of Orthopedic Sports Science and Physical Therapy*. 25, 107-112.

Tiidus, P.M.(1998), "Radical species in inflammation and overtraining", *Canadian Journal of Physiological Pharmacology*. 76, 533-538.

Tiidus, P.M., & Shoemaker, J.K.(1995), "Effleurage massage, muscle blood flow and long team post-exercise strength recovery", *International Journal of Sports Medicine*. 16, 478-483.

Viitasalo, J., Nieman, K., & Kaappo, R.(1995), "Effleurage, Muscle blood flow and long team post-exercise strength recovery", *International Journal of Sports Medicine*. 16, 478-483.

Viitasalo, J., Nieman, K., & Kaappo, R.(1995), "Warm underwater water-jet massage improves recovery from intense physical exercise", *European Journal of Applied Physiology*. 71, 431-438.

Vindigni, D., Parkinson, L., Walker, B., Rivett, D.A., Blunden, S., & Perkins, J.(2005), "A community-based sports massage course for Aboriginal health workers", *Aust. Journal Rural Haelth*. 13, 111-115.

Vindigni, D.R., Parkinson, L., Blunden, S., Perkins, J., Rivett, D.A., & Walker, B.K.(2004), "Aboriginal health in Aboriginal hands: development, delivery and evaluation of a training programme for Aboriginal health workers to pormote the musculoskeletal health of Indigenous people living in a rural community", *Rural and Remote Health*. 4, 281.

Weinrich, S.P., & Weinrich, M.(1990), "The effects of massage on pain in cancer patients", *Applied Nursing Research*. 3, 140-145.

Weltman, D.L.(1999), "The effects of massage on athletes' cardiorespiratory system", *Soviet Sports Review*. 25(1).

Wood, S.A., Morgan, D.L., & Proske, U.(1993), "Effects of repeated eccentric contractions on structure and mechanical properties of toad sartorius muscle", *American Journal of Physiology*. 265, C792-800.

Zainuddin, Z., Newton, M., Sacco, P., Nosaka, K.(2005), "Effect of massage on delayed-onset muscle soreness, swelling, and recovery of muscle function", *Journal of athletic training*. 40(3), 174-180.

Zeitilin, D., Keller, S.E., Shiflett, S.C., Schlerifer, S.J., & Bartlett, J.A.(2000), "Immunological effects of massage therapy during academic stress", *Psychosomatic Medicine*. 62, 83-87.